Werte: Die Fundamentalprobleme

John Erpenbeck
Werte: Die Fundamentalprobleme

Springer

John Erpenbeck
Berlin, Deutschland

ISBN 978-3-662-67137-5   ISBN 978-3-662-67138-2 (eBook)
https://doi.org/10.1007/978-3-662-67138-2

Die Deutsche Nationalbibliothek verzeichnet diese Publikation in der Deutschen Nationalbibliografie; detaillierte bibliografische Daten sind im Internet über http://dnb.d-nb.de abrufbar.

© Der/die Herausgeber bzw. der/die Autor(en), exklusiv lizenziert an Springer-Verlag GmbH, DE, ein Teil von Springer Nature 2023, korrigierte Publikation 2023
Das Werk einschließlich aller seiner Teile ist urheberrechtlich geschützt. Jede Verwertung, die nicht ausdrücklich vom Urheberrechtsgesetz zugelassen ist, bedarf der vorherigen Zustimmung des Verlags. Das gilt insbesondere für Vervielfältigungen, Bearbeitungen, Übersetzungen, Mikroverfilmungen und die Einspeicherung und Verarbeitung in elektronischen Systemen.
Die Wiedergabe von allgemein beschreibenden Bezeichnungen, Marken, Unternehmensnamen etc. in diesem Werk bedeutet nicht, dass diese frei durch jedermann benutzt werden dürfen. Die Berechtigung zur Benutzung unterliegt, auch ohne gesonderten Hinweis hierzu, den Regeln des Markenrechts. Die Rechte des jeweiligen Zeicheninhabers sind zu beachten.
Der Verlag, die Autoren und die Herausgeber gehen davon aus, dass die Angaben und Informationen in diesem Werk zum Zeitpunkt der Veröffentlichung vollständig und korrekt sind. Weder der Verlag noch die Autoren oder die Herausgeber übernehmen, ausdrücklich oder implizit, Gewähr für den Inhalt des Werkes, etwaige Fehler oder Äußerungen. Der Verlag bleibt im Hinblick auf geografische Zuordnungen und Gebietsbezeichnungen in veröffentlichten Karten und Institutionsadressen neutral.

Planung/Lektorat: Christine Sheppard
Springer ist ein Imprint der eingetragenen Gesellschaft Springer-Verlag GmbH, DE und ist ein Teil von Springer Nature.
Die Anschrift der Gesellschaft ist: Heidelberger Platz 3, 14197 Berlin, Germany

Inhaltsverzeichnis

Einführung 1
Zeiten- und Wertewende 1
Veränderungsdynamik und Wertesuche 4
Die Umwertung aller Werte 6
Die Koselleck-Kehre 10
Fundamentalprobleme 11

D – Das Definitionsproblem: Was sind Werte 15
Die Existenzform von Werten 15
Werteobjektivismus und Wertesubjektivismus
in Wertedefinitionen 17
Sind Wertungen und Werte das Gleiche? 22
Definierende Wertebegriffe 23
Definitionen im Lexikon 28
Eine ganz andere Definition von Werten 31

S – Das Strukturproblem: Wie sind Werte strukturiert? 37
Die Logik des Unlogischen 37
Das Wertekleeblatt 41
Die Objekte von Wertungen 46
Die Subjekte von Wertungen 48

Die Grundlagen von Wertungen 50
Die Maßstäbe von Wertungen 54
Das Werteherbarium 58

G – Das Geltungsproblem: Wann und wodurch gelten Werte? 63
Geltung, ein neuer Stern am Begriffshimmel 63
Auf dem Holzweg? 68
Der unschuldige Gedanke vom unwerten Leben 74
Die Geltung der Geltung 78
Das Schwert Geltung 82

I – Das Interiorisationsproblem: Wie werden Werte verinnerlicht und gelebt? 89
Psychologie und Psychologismus 89
Die psychologische Lücke in historischen Wertetheorien 95
Modelle der Werteverinnerlichung 108
   Psychotherapie 112
   Gruppendynamik 119
   Emotions- und Motivationspsychologie 124
Wertetraining – vom Fußballtraining zum Demokratietraining 128

V – Das Vergleichsproblem: Wie weit lassen sich Werte miteinander vergleichen, oder sind sie unvergleichbar, inkommensurabel? 141
Der Horatier 141
Lebensformen und Werteformen 145
Sind Soldaten Mörder? 150
Ist es süß und ehrenhaft, für das Vaterland zu sterben? 156
Werte-Kommissionen 159

**W – Das Wirkungsproblem: Warum sind Werte
oft von viel größerer Wirkmächtigkeit als all
unser Wissen?** 169
Die Wertegesellschaft und ihre Freunde 169
Mächtigkeit und Macht der Werte 178
Braucht der Mensch Feinde, wird es immer
Krieg geben? 183

DSGIVW – Schlussendlich: In die Zukunft wirken 193

**Publisher Erratum zu: Werte: Die
Fundamentalprobleme** E1

Die Originalversion des Buchs wurde revidiert. Ein Erratum ist
verfügbar unter
https://doi.org/10.1007/978-3-662-67138-2_9

Einführung

Zeiten- und Wertewende

„So geht das nicht" sagt meine ältere Tochter, Schriftstellerin, entschieden. „Das Buch im Ganzen – interessant und anregend. Die Denkmodelle, die Du vorstellst, die Verknüpfungen, die Du machst, und Deine Frage danach, wie wir zu unseren Werten, zu unseren Meinungen kommen – hochspannend. Aber diese Einleitung – nein! Deine Leser wollen doch wissen, warum das für Dich so brennende Fragen sind. Warum Du Jahrzehnte Deines Lebens dem Nachdenken über Werte und deren Verinnerlichung gewidmet hast. Wenn sie verstehen, dass dieses Buch die philosophische Summe eines langen, sehr persönlichen Nachdenkens ist, werden sie es ganz anders aufnehmen."

„Ich dachte, Pandemie, Krise, Krieg und Zeitenwende gäben genug Anlass zum Grübeln über das, was wir Europäer bisher oft so selbstverständlich unsere Werte genannt haben."

„Darum geht es ja dann im Buch. Aber die Tür zum Buch musst Du, Du selbst, aufmachen."

„Also gut."

Drei Jahre vor dem Ende des Zweiten Weltkriegs geboren, aufgewachsen im Nachkriegsberlin, wollte ich, schon mit vierzehn, Physiker werden. Mit Blick auf die Trümmer, die der Faschismus hinterlassen hatte, fragte ich mich: Ließen sich zukünftige Ereignisse wirklich exakt beschreiben und berechnen?

Ich wurde zunächst Biophysiker. Trat dann in einen Forschungsbereich ein, der unter Leitung des Philosophen Herbert Hörz philosophische Fragen der Wissenschaften durchdachte. Dort wandte ich mich philosophischen Aspekten der Psychologie zu. „Erkenntnistheorie und Psychophysik kognitiver [d. h. erkenntnismäßiger] Prozesse" war das Thema meiner Dissertation. Mir imponierten die Versuche der ersten naturwissenschaftlich argumentierenden und operierenden Psychologen des 19. Jahrhunderts, allen voran Gustav Theodor Fechner und Wilhelm Wundt, die Psychologie ähnlich wie die Physik aufzubauen. Elemente des Psychischen ausfindig zu machen, mit deren Hilfe man kompliziertere psychische Prozesse beschreiben und berechnen kann. Einer der international wichtigsten Vertreter dieser Forschungsrichtung, Friedhart Klix, war für mich erst Vorbild und Gutachter, dann Kollege und Freund.

Doch bald kamen mir Zweifel. Vom Alltag belehrt, vom literarischen Arbeiten bekehrt, spürte ich schnell, dass diese naturwissenschaftsähnliche Psychologie wichtige Bereiche des Psychischen entweder ganz aussparte, oder bestenfalls als „Dreckeffekte" durchgehen ließ: die Bereiche des Emotional-Motivationalen, die Welten der Gefühle und des Willens. Meine geistige Aufholjagd begann. „Motivation, ihre Psychologie und Philosophie" wurde das seitenstärkste Buch, das ich je geschrieben habe. Die Hälfte des Textes widmete sich Wertungen, Werten. Belehrt von Ute Holzkamp-Osterkamp begriff ich: Emotionale und motivationale Prozesse sind Wertungsprozesse. Emotionen und

Motivationen sind Resultate dieser Wertungsprozesse. Emotions- und Motivationsforschung heißt Erforschung der Bestandteile und Zusammenhänge eines Wertungsgeschehens.

Merkwürdig: Bis etwa 1980 gab es in der DDR nur ein Buch zum Teilbereich Lernmotivation; ansonsten war das Thema Motivation weitgehend tabu. Dann erschienen in den achtziger Jahren gleich mehrere Titel zum Thema. Werteforschung als Krisenforschung. Ungarische Kollegen hatten herausgefunden, dass Jugendliche die Ideale und Ziele des Sozialismus zwar perfekt herunterbeten konnten, ihre wirklichen Wertehaltungen aber mit diesen Worthülsen kaum noch etwas gemein hatten. Das war wohl, wie das Leipziger Zentralinstitut für Jugendforschung herausfand, in allen östlichen Volksdemokratien ähnlich. Das gesellschaftliche Eigentum an Produktionsmitteln war organisatorisch durchgesetzt, von den Gefühlen der Menschen aber wurde es immer weniger getragen. Auch Werte wie Solidarität oder Antifaschismus, aus den schmerzvollen Erfahrungen von Krieg und Nachkrieg geboren, stießen bei Jugendlichen, die selbst keine Kriegserfahrungen mehr hatten, auf wenig Widerhall. Die Frage, wie vermitteln wir „unserer Jugend" Motivationen und Wertehaltungen, sie kam zu spät …

Nach dem Mauerfall war ich, lernend, lehrend, forschend mit der Messung und Entwicklung von menschlichen Kompetenzen befasst. Kerne jeglicher Kompetenzen sind: Werte. So blieb ich beim Thema, es nahm mich, hielt mich gefangen. Bis heute.

Inzwischen empfinden Menschen weltweit großes Unbehagen angesichts der Vierten Industriellen Revolution, einer Neuformierung der Weltmachtblöcke und der sich herausbildenden Multipolarität. Verstört von fundamentalen technischen, politischen und sozialen Veränderungen in immer kürzeren Zeitspannen ihres Lebens suchen sie, oft verängstigt und manchmal verzweifelt, nach Leitlinien, die Ordnung in ihr Handeln, Sinn in ihr Leben bringen. Werte sind Ordner selbstorganisierten Handelns. Werte sind Sinn-Ressourcen des Daseins. Je dynamischer Veränderungen, desto flehentlicher werden ordnende, sinngebende Werte herbeigesehnt.

Die Geschichte befindet sich an einem Wendepunkt. Zeitenwende ist nicht zu hoch gegriffen. Eine Wertewende, von der immer häufiger die Rede ist, wenn es sich um die Verteidigung westlicher Werte, europäischer Wertevorstellungen, mitteleuropäischer Werteüberzeugungen handelt.

Werte kann man nicht sehen, Wertehaltungen sind nur in den Emotionen der Menschen verankert. Aber was heißt nur! Gerade durch sie werden tiefgreifende, ganz reale Prozesse in Gang gesetzt. Auseinandersetzungen um Werte werden oft auf Leben oder Tod geführt, sie greifen in Biografien ein, sie können zu Revolutionen führen, zu Kriegen, Krisen, Systemzusammenbrüchen.

Kann es etwas Spannenderes geben als die Frage danach, was Werte eigentlich sind?

Veränderungsdynamik und Wertesuche

Sehr anschaulich wird der Zusammenhang von Veränderungsdynamik und Wertesuche, wenn man die beiden gewichtigen Bücher von Klaus Schwab, dem Gründer und langjährigen Vorsitzenden des Weltwirtschaftsforums, vergleicht. „Die Vierte Industrielle Revolution" beschreibt die völlig neue Situation, die aus der schnellen und systematischen Verschmelzung von solchen Technologien entsteht, die Grenzen zwischen der physischen, der digitalen und der biologischen Welt immer stärker durchbrechen. „Wir stehen am Anfang einer Revolution, die unsere Art zu leben, zu arbeiten und miteinander zu interagieren grundlegend verändern wird. Aufgrund ihrer enormen Tiefen- und Breitenwirkung sowie ihrer Komplexität ist das, was ich als die Vierte Industrielle Revolution bezeichne, ein in der Geschichte der Menschheit beispielloser Vorgang."[1] Getragen ist der Text von vielen ökonomischen, ethisch-moralischen und sozial-weltanschaulich-politischen Wertebetrachtungen. Direkt mit Werten befasst sich aber nur ein kleiner Abschnitt, der sich Identität, Moralität und Ethik unter den neuen Bedingungen vorzustellen versucht.

In dem sechs Jahre später erschienenen Werk „Das große Narrativ. Für eine bessere Zukunft" ist das ganz anders. Die Covid-19-Pandemie wirkt da wie ein Katalysator des Neudenkens. Die Welt-Anschauung, die große Erzählung, das „Große Narrativ", muss sich ändern. Das Große Narrativ ist „eine Art der Darstellung oder des Verständnisses einer Situation oder einer Reihe von Ereignissen, die einen bestimmten Standpunkt oder einen Wertekatalog widerspiegelt und fördert [...] Durch Erzählungen erklären wir, wie wir die Dinge sehen, wie sie funktionieren, wie wir Entscheidung treffen und sie begründen, wie wir unseren Platz in der Welt verstehen und wie wir versuchen, andere zur Annahme unserer Überzeugungen und Werte zu bewegen".[2]

Ein tief lotendes Kapitel handelt von Moral und Werten. „In Krisenzeiten sind wir gezwungen, zu reagieren und die Werte, die unser Handeln leiten, sowie die grundlegenden normativen Fragen darüber, was unsere Werte waren und sein sollten, neu zu überdenken ... Wenn die Wertvorstellungen divergieren, was sicherlich der Fall ist, besteht eine mögliche Abhilfe darin, die speziellen Werte zu er-

---

[1] Schwab, K. (2016): Die Vierte Industrielle Revolution. München Pantheon Verlag. S. 9.
[2] Schwab, K., Malleret, T. (2022): Das Große Narrativ: Für eine bessere Zukunft. Genf Forum Publishing -Weltwirtschaftsforum. S. 21.

mitteln, die sich auf die Themen von lebenswichtigem Interesse für die Menschheit als Ganzes, unabhängig von Kultur, Nationalität und sozialen Normen, konzentrieren [...] Umweltzerstörung und Klimawandel könnten, da sie wirklich global sind und eine so massive Bedrohung für uns alle darstellen, solch einen gemeinsamen Schwerpunkt bilden. Wirklich gemeinsame Werte und fest verankerte moralische Grundsätze wie Integrität, Solidarität und Fairness sind der Kitt, der Gesellschaften zusammenhält, und es ihnen ermöglicht, in einer Atmosphäre des Vertrauens zu funktionieren und zu gedeihen."[3]

„Sobald sich genügend Menschen auf eine Reihe gemeinsamer Werte einigen, können wir uns gemeinsam an die Arbeit machen, um die erforderlichen Änderungen vorzunehmen. Das wird nur gelingen, wenn wir Moral und Werte in den Mittelpunkt unseres Lebens und unsere Institution stellen"[4], so das Resümee von Schwab. Werte im Mittelpunkt unseres Lebens!

Werte sind der wichtigste Zukunftskitt. Wenn wir die Zukunft fassen und gestalten wollen, müssen wir tiefer verstehen, was Werte überhaupt sind, wie sie strukturiert sind, wann und wodurch sie gelten, wie sie untereinander zusammenhängen, wie sie von jedem von uns angeeignet werden können und warum sie eine so schnell zunehmende soziale Rolle spielen.

Die Umwertung aller Werte

Vor knapp 150 Jahren offenbarte sich der Zusammenhang von Veränderungsdynamik und Wertesuche zum ersten Mal durch das Auftreten deutlich krisenhafter Erscheinungen. Friedrich Nietzsche sprach von einer „Um-

---

[3] Ebenda, S. 159, S. 164, S. 172.
[4] Ebenda, S. 166.

wertung aller Werte" und charakterisiert seine Zeit der achtziger Jahre des 19. Jahrhunderts als Zeit des Werteverfalls: „Das Auseinanderfallen, also die Ungewissheit, ist dieser Zeit eigen: Nichts steht auf festen Füßen und hartem Glauben an sich: man lebt für morgen, denn das Übermorgen ist zweifelhaft. Es ist alles glatt und gefährlich auf unserer Bahn, und dabei ist das Eis, das uns trägt, so dünn geworden: wir fühlen alle den warmen unheimlichen Atem des Tauwindes – wo wir noch gehen, da wird bald niemand mehr gehen können […] Diese Zukunft redet schon in hundert Zeichen, dieses Schicksal kündigt überall sich an; für diese Musik der Zukunft sind alle Ohren bereits gespitzt. Unsere ganze europäische Kultur bewegt sich seit langem schon mit einer Tortur der Spannung, die von Jahrzehnt zu Jahrzehnt wächst, wie auf eine Katastrophe los: unruhig, gewaltsam, überstürzt: einem Strom ähnlich, der ans Ende will, der sich nicht mehr besinnt, der Furcht davor hat, sich zu besinnen".[5] Klingt das nicht sehr aktuell?

Nietzsche verhöhnt bisher gängige moralische Werte: „‚Unschuld': so heißen sie den Idealzustand der Verdummung; ‚Seligkeit': den Idealzustand der Faulheit; ‚Liebe': den Idealzustand des Herdentieres, dass keinen Feind mehr haben will. Damit hat man alles was den Menschen erniedrigt und herunterbringt, ins Ideal erhoben."[6] Er preist fürchterliche sozial-weltanschauliche, politische Wertehaltungen: „Eine Gesellschaft, die, endgültig und ihrem Instinkt nach, den Krieg und die Eroberung abweist, ist im Niedergang; sie ist reif für Demokratie und Krämerregiment".[7]

---

[5] Nietzsche, F. (1980): Aus dem Nachlass der Achtzigerjahre. In: ders.: Werke in sechs Bänden, Bd. 6, München, Wien Hanser Verlag. S. 634.
[6] Ebenda, S. 656.
[7] Ebenda, S. 665.

Das zynische Resümee: „Es sind schon viele Tierarten verschwunden; gesetzt, dass auch der Mensch verschwinde, so würde nichts in der Welt fehlen".[8]

Ich will hier nicht auf die sehr bruchstückhafte, inhumane Wertetheorie Nietzsches eingehen, sondern auf die historische Situation, die erstmals in der Geschichte eine massive Umwertung wirklich aller Werte hervorbrachte. Eine Umwertung, wie wir sie auch heute wieder beobachten.

Das 19. Jahrhundert begann geistig mit den Idealen der Aufklärung, von Immanuel Kant zuvor großartig formuliert, von französischen Philosophen wie Rousseau und Voltaire weit getriebenen und von deutschen Philosophen in umfangreiche Systeme aufgenommen. Überzeugungskern war die Ansicht, dass jeder seinen Verstand einsetzen und alles kritisch hinterfragen solle, anstatt – wie bis dahin üblich – vieles als gottgegeben hinzunehmen. „Aufklärung ist der Ausgang des Menschen aus seiner selbstverschuldeten Unmündigkeit", so die klassische Formulierung von Kant. „Unmündigkeit ist das Unvermögen, sich seines Verstandes ohne Leitung eines anderen zu bedienen. Selbstverschuldet ist diese Unmündigkeit, wenn die Ursache derselben nicht am Mangel des Verstandes, sondern der Entschließung und des Mutes liegt, sich seiner ohne Leitung eines andern zu bedienen. Sapere aude! Habe Mut, dich deines eigenen Verstandes zu bedienen! ist also der Wahlspruch der Aufklärung."[9] Würde sich jeder seines eigenen Verstandes bedienen, würde die Wissenschaft immer neue, großartige Erkenntnisse fördern, würde die Menschheit einen ewigen Frieden anstreben, wäre das goldene Zeitalter nahe.

Leider erwies es sich als Utopie, dass jeder dem eigenen Verstand anstatt vorgeprägten und unauslöschbar verinner-

---

[8] Ebenda, S. 676.
[9] Kant, I. (2022): Beantwortung der Frage: Was ist Aufklärung? Berlin Henrici Großdruck. S. 4.

lichten – oft ganz widersinnigen – Wertevorstellungen folgte. Leider führte der beispiellose wissenschaftliche und technische Fortschritt des Jahrhunderts nicht zu einer befriedeten, friedlichen Weltgesellschaft, sondern zu einem beispiellosen Sieg des Kapitalismus mit allen seinen Gebrechen, der allzu bald in einen verheerenden Imperialismus mündete.[10] Leider stellte diese Entwicklung alle die wunderbaren Werte in Frage, die sich die Menschheit bis dahin erarbeitet hatte. Eine Umwertung aller Werte war die Folge, wie es Nietzsche vollkommen zutreffend diagnostizierte.

Genusswerte, Nutzenwerte, ethisch-moralische Werte, sozial-weltanschaulich-politische Werte gab es schon immer. Man kann einige sogar bis in tierische Vorformen zurückverfolgen. So spricht Konrad Lorenz von „moralanalogem" Verhalten geselliger Tiere.[11] Betrachtet man Führungskämpfe in Wolfsrudeln oder unter Hirschen, liegt die Bezeichnung „politik-analoges" Verhalten nahe. Aber erst in den siebziger, achtziger Jahren des 19. Jahrhunderts werden Werte als Gesamtheit benannt und untersucht, Sach- und Facherkenntnissen ebenbürtig. Erst in dieser Zeit werden sie zu Gegenständen von Wissenschaft und Forschung.

Die Werteforschung beginnt in der Mitte des 19. Jahrhunderts mit Hermann Lotze.[12] Friedrich Nietzsche liefert nach 1870 mit seiner Idee von der Umwertung aller Werte

---

[10] Lenin, W.I. (2021): Der Imperialismus als höchstes Stadium des Kapitalismus. Essen Verlag Neuer Weg.

[11] Konrad Lorenz (1954): Moral-analoges Verhalten geselliger Tiere. Forschung und Wirtschaft Bd. 4: S. 1–23. (OCR Konrad Lorenz Haus Altenberg: http://klha.at).

[12] Lotze, H. (1841, 1883): Grundzüge der Metaphysik, Dictate aus den Vorlesungen. Leipzig Weidemann Verlag; später Hirzel Verlag (Die erste Fassung erschien 1841, seither hatte Lotze die Vorlesung mehrfach gehalten und ausgefeilt und dabei die Wertethematik betont hervorgehoben).

einen entscheidenden Impuls.[13] Nachfolgend etabliert sich die Wertephilosophie als „jüngste Frucht am Baum der Philosophie" und beeinflusst alle Geschichts-, Kunst-, Kultur- und Sozialwissenschaften. Die historische Entwicklung habe ich an anderer Stelle detailliert verfolgt.[14]

Die Details verdecken allerdings den Blick darauf, dass es sich um die vielleicht wichtigste Wende, die existenzentscheidende Kehre der Menschheitsgeschichte handelt. Diese Einsicht verdanken wir dem Historiker Reinhart Koselleck. Deshalb möchte ich sie Koselleck-Kehre nennen.

Die Koselleck-Kehre

„Neu war, dass sich jetzt die in die Zukunft erstreckenden Erwartungen von dem ablösen, was alle bisherigen Erfahrungen geboten hatten. Und was an neuen Erfahrungen seit der Landnahme in Übersee und seit der Entfaltung von Wissenschaft und Technik hinzukam, das reichte nicht mehr hin, um künftige Erwartungen daraus abzuleiten. Der Erfahrungsraum wurde seitdem nicht mehr durch den Erwartungshorizont umschlossen, die Grenzen des Erfahrungsraums und der Horizont der Erwartung traten auseinander […] Die Kluft zwischen Vergangenheit und Zukunft wird nicht nur größer, sondern die Differenz zwischen Erfahrung und Erwartung muss dauernd neu und zwar auf immer schnellere Weise überbrückt werden, um leben und handeln zu können."[15]

---

[13] Nietzsche, F. (1980): Aus dem Nachlass der Achtzigerjahre. In: ders.: Werke in sechs Bänden, Bd. 6, München, Wien Hanser Verlag. S.438; Nietzsche, F. (1921): Der Wille zur Macht. Versuch einer Umwertung aller Werte. Aus dem Nachlaß. Stuttgart Alfred Kröner Verlag.

[14] Erpenbeck, J., unter Mitarbeit von W. Sauter (2018): Wertungen, Werte – Das Buch der Grundlagen für Bildung und Organisationsentwicklung. Deutschland Springer Verlag.

[15] Koselleck, R. (1979): Vergangene Zukunft. Suhrkamp Verlag Frankfurt am Main. S. 373 f.

Die Zukunftsentwürfe sind vor allem Werteentwürfe „die sich seitdem zu überholen und zu überbieten trachten. Auf den ‚Republikanismus' folgen der ‚Demokratismus', der ‚Liberalismus', der ‚Sozialismus', der ‚Kommunismus', der ‚Faschismus', um nur besonders wirkungsreiche Prägungen zu nennen. Alle genannten Ausdrücke enthalten nun während ihrer Prägung einen geringen oder gar keinen Erfahrungsgehalt, jedenfalls nicht den, der mit der Begriffsbildung erstrebt wurde [...] Sozialgeschichtlich handelt es sich um Ausdrücke, die auf die Herausforderung einer technisch und industriell sich verändernden Gesellschaft reagierten".[16]

Jürgen Habermas verallgemeinert philosophisch mit direktem Bezug auf Koselleck: „Die Moderne kann und will ihre orientierenden Maßstäbe nicht mehr Vorbildern einer anderen Epoche entlehnen, sie muss ihre Normativität aus sich selber schöpfen. Die Moderne sieht sich, ohne Möglichkeiten der Ausflucht, an sich selbst verwiesen".[17] Wir, Weltbürger, sehen uns angesichts der heutigen Veränderungsdynamik, der Welten- und Wertewende mehr denn je, ohne Ausflucht, auf uns selbst verwiesen. Mehr denn je spielen Werte – und ihr Verstehen – für unser Leben, für unsere Zukunft eine tragende Rolle.

Fundamentalprobleme

Dabei ist eine Merkwürdigkeit zu beobachten. Das Reden über Werte geht uns leicht über die Lippen. Kaum jemand zögert, Werte für besonders wichtig zu halten, „unsere" Werte mit Nachdruck zu verteidigen. Spricht man über Wissen, Qualifikation, Kompetenz kommt nach wenigen

---

[16] Ebenda.
[17] Habermas, J. (1985): Der philosophische Diskurs der Moderne. Zwölf Vorlesungen. Frankfurt am Main. S.16 (mit direktem Bezug auf Koselleck).

Sätzen die Frage: Sag mal, was genau verstehst Du eigentlich darunter? Aber was Werte „sind", weiß man doch?

Da liegt ein Goldbarren. Der hat seinen Wert, wo auch immer in der Welt. Der ist ein Wert. Selbst wenn man ihn zerteilt oder in eine andere Form gießt, der Wert bleibt, er liegt im Golde selbst. – Da wird ein herrliches Gemälde von Leonardo da Vinci versteigert: „Salvator Mundi" – der Weltenretter. Es erzielt den Rekordpreis von 450 Mio. US-Dollar und ist damit das wertvollste Gemälde der Welt. Aber würde man es zerteilen, blieben nur ein paar wertlose Rahmenstücke, wertlose bemalte Bildsplitter, wertlose Farbkleckse und Kreidepartikel übrig. Wohin hat sich der Wert verflüchtigt?

Was „sind" Werte überhaupt? Ein Fundamentalproblem, für dessen Beantwortung die Werteforschung Jahrzehnte gebraucht hat. Andere Fundamentalprobleme tauchten auf, und je wichtiger Werte aufgrund der Koselleck-Kehre wurden, desto wichtiger wurde es, auch für sie Lösungen zu suchen. Solche Fundamentalprobleme sind:

D Das Definitionsproblem: Was sind Werte überhaupt?
S Das Strukturproblem: Wie sind Werte strukturiert?
G Das Geltungsproblem: Wann und wodurch gelten Werte?
I Das Interiorisationsproblem: Wie werden Werte verinnerlicht und gelebt?
V Das Vergleichsproblem: Wie weit lassen sich Werte untereinander
vergleichen, oder sind sie inkommensurabel, unvergleichlich?
W Das Wirkungsproblem: Warum sind Werte oft von viel größerer Wirkmächtigkeit als all unser Wissen?

DSG-IVW

Das lässt sich fast formelhaft merken. Problemlösungen zu finden ist hingegen oft schwierig, und zudem durch viele Vorurteile erschwert.

Die Geschichte aller bisherigen Gesellschaft ist maßgeblich die Geschichte von Wertekonflikten zwischen Klassen, Kulturen, Identitäten.

Kein Wunder, dass sich da eine unendliche Fülle solcher Vorurteile angehäuft hatte, dass es für jedes dieser Probleme unendlich viele Lösungsversuche gab. Dabei haben sich zugleich sinnvolle Lösungswege angedeutet. Die will ich abschreiten, ohne auf alle Seiten- und Irrwege zu achten. Ich will weitergeben, was mir wichtig und bedenkenswert erscheint. Nicht weniger, nicht mehr.

D – Das Definitionsproblem: Was sind Werte

Die Existenzform von Werten

Wir gehen durch eine wunderbare Wiesenlandschaft. Wir streifen durch einen herrlichen Wald. Wir genießen den Spaziergang durch eine beeindruckende mittelalterliche Stadt. Wir sind beglückt von einer berauschenden „Tristan"-Premiere. Bewundernd nehmen wir zur Kenntnis, dass jüngst Neutrinomessungen wieder einmal Einsteins jahrhundertalte Relativitätstheorie bestätigen. Mit „wunderbar", „herrlich", „beeindruckend", „beglückt", „bewundernd" werten wir Dinge, Eigenschaften, Situationen, Gedanken und Ideen, die uns im Leben begegnen. Aber bei allem Gehen, Streifen, Spazieren, Genießen von Kunst und Wissenschaft – Werte sind uns nirgends begegnet. Sie sind nicht im Gras versteckt, hinter Bäumen verborgen, haben sich nicht hinter Fensterläden verkrochen, sind nicht von Vorhängen verschleiert oder von Formelsprachen unkenntlich gemacht. Vielleicht gibt es gar keine Werte? Vielleicht sind sie nichts weiter als Ausgeburten unseres Denkens und Phantasierens? Vielleicht dienen sie nur dazu, Ordnung und Sinn zu schaffen, obwohl es sie gar nicht gibt? Das Köstliche, Nützliche, Edle, Anständige, Solidarische, Demokratische, Freiheitliche – alles nur Hirngespinste?

> „Werte. Warum man sie braucht, obwohl es sie nicht gibt" lautet der denkanstößige Titel eines Buchs von Andreas Urs Sommer.[1] Werte als Schmieröl sozialer Prozesse … Auch der große Werteforscher und Begründer einer systematischen Wertelehre, der Neokantianer Heinrich John Rickert meint: „[…] darauf allein kommt es an: es gibt existierende und nicht existierende Gegenstände oder im Besonderen Wirklichkeiten und Werte. Beide zusammen erst machen das Ganze der Welt aus, welches den Gegenstand der Philosophie bildet". Außerdem „[…] haben wir noch andere Begriffe, die man als Derivate des Wertes bezeichnen kann. Erwähnt seien noch, weil sie in mancher Philosophie eine Rolle spielen, die Begriffe der Norm und der Regel. Auch von Gesetz redet man […] Solche Begriffe sind als Wertbegriffe zu verstehen".[2]

Diese Auffassung schließt „reale Werte" wie Wertpapiere, Münzen, Geld oder Grundstücke aus der Betrachtung aus. Sie bietet zugleich eine gute Unterscheidungshilfe zwischen Wert und Wirklichkeit: „Es gibt keine negative Existenz".[3] Anders steht es bei den Werten.

„Es gibt negative Werte, während von einer negativen Existenz zu reden keinen Sinn hat […] So stellen wir durch Negation der Lust die Unlust, dem Sinn den Unsinn oder allgemein

---

[1] Sommer, A.U. (2016): Werte. Warum man sie braucht, obwohl es sie nicht gibt. Stuttgart J.B.Metzler Verlag.
[2] Rickert, H. (1921): Allgemeine Grundlegung der Philosophie. Tübingen Verlag von J.C.B. Mohr. S. 116.
[3] Es gibt einen Baum, aber keinen Nichtbaum …

gesprochen, dem Wert den Unwert gegenüber als etwas, das gewiss nicht nichts ist."[4] Auch negative Werte sind Werte!

Werteobjektivismus und Wertesubjektivismus in Wertedefinitionen

Die Geschichte der Werteforschung ist durchwebt vom Gegensatz von Werteobjektivismus und Wertesubjektivismus.

Unter *Werteobjektivismus* versteht man die Überzeugung, dass ein Wertekosmos ganz unabhängig von den Menschen existiert. Werte sind danach objektive Bestandteile der Wirklichkeit, durch Werteschau zu erkennen. In diesem Kosmos gibt es höhere und niedrigere Werte. Sie stellen einen eigenen Bereich von Gegenständen dar. Am einfachsten kann man sich solche objektiven Werte vorstellen, wenn sie durch einen Gott gestiftet wurden. Die Werte der 10 Gebote beispielsweise existieren nach christlicher Überzeugung objektiv, auch ohne die Menschen, denen sie zugedacht waren. Schon bei den Wertehierarchien, die Werteforscher verfochten haben, gab es allerdings heftige Kontroversen. Der Werteobjektivismus, wie ihn beispielsweise Max Scheler denkgewaltig vertrat,[5] hat sich niemals breit durchgesetzt.

Wertesubjektivismus ist die Überzeugung, dass es sich bei Werten um Resultate des Wertens von menschlichen Subjekten – einzelnen Menschen, Gruppen, Organisationen, Ländern und so fort – handelt. Diese Wertungen sind

---

[4] Ebenda, S. 119 f.
[5] Scheler, M. (6. Aufl. 1980): Der Formalismus in der Ethik und die materiale Wertethik: Neuer Versuch der Grundlegung eines ethischen Personalismus. Bern, München Francke Verlag; Scheler, M. (5. Aufl. 1980): Vom Umsturz der Werte. Bern, München Francke Verlag.

natürlich nicht unabhängig von den bewerteten Sachverhalten, aber eine eineindeutige Zuordnung Objekt der Wertung – Subjekt der Wertung gibt es nicht. Rickert vertrat die Vorstellung, Werte „haften" gewissermaßen an bewerteten Gegenständen. Solche Gegenstände nannte er Güter. Das mag noch bei Goldbarren oder Gemälden vorstellbar erscheinen, wird aber bei einem Ballett oder einer wissenschaftlichen Nobelpreisleistung schon verdammt schwierig.

Als die ersten großen Diskussionen zwischen den Werteforschern abklangen, gab es zusammenfassende Schritte, die mir auch heute noch bedenkens- und darstellenswert erscheinen.

August Messer (1867–1937) hat in einer wichtigen Summenschrift „Deutsche Wertphilosophie der Gegenwart" von 1930 auf wenig mehr als 50 Seiten versucht, möglichst viele Strömungen der Werteforschung seiner Zeit zu Wort kommen zu lassen. Die einzelnen Abschnitte umreißen Grundfragen, die an jede Wertetheorie zu stellen sind.[6]

Die erste natürlich: Was ist Wert? Messer unterscheidet zwei Bedeutungen des Wortes Wert: Wert^I: Etwas *hat* einen Wert, also die „Wertheit" eines Objekts = der Objektwert. Wert$^{II:}$ Etwas *ist* ein Wert, also das „Werthabende" selbst = das Wertobjekt. Die Verwechslung beider Wertebegriffe führe zu großen, oft ideologisch motivierten Konfusionen – diese Verwechslung wird nämlich zur Konstruktion einiger Formen von „Werteobjektivismus" benötigt, der die Existenz ewiger Werte verteidigt, meist religiös oder quasireligiös begründet.

Dann geht es um eine Klärung der Frage: Wie werden Werte erfasst – erlebt, erschaut, erkannt oder konstruiert –

---

[6] Messer, A. (1926): Deutsche Wertphilosophie der Gegenwart. Leipzig Verlag Emmanuel Reinicke.

und inwieweit sind sie wahr, adäquat, evident? Als wichtigster Teil der Fragestellung erweist sich dabei die bereits angerissene Frage nach der Objektivität bzw. Subjektivität von Werten.

Schließlich geht es um die Verinnerlichung, die Interiorisation von Werten, auf die ich später noch genauer eingehen will: Wie werden sozial akzeptierte, insbesondere sozial organisierende Werte individuell angeeignet, d. h. zu eigenen Emotionen und Motivationen umgewandelt, und wie werden individuell akzeptierte Werte sozial kommuniziert? Damit hat Messer die entscheidende praktische Frage aller Werteforschung gestellt: Wie werden Werte unter Voraussetzung echter Entscheidungsfreiheit in reale, wirkungsmächtige Triebkräfte umgesetzt?

Johannes Erich Heyde (1892–1967) gibt mit seinem 1926 erschienenen Buch „Wert. Eine philosophische Grundlegung"[7] die bis dahin sicher präziseste, in vieler Hinsicht bis heute unübertroffene Antwort auf die Frage: Was ist Wert? Er schafft Klarheit über die begrifflichen Grundlagen. Er gibt eine tiefgründige Ablehnung des weltanschaulich vorgeprägten Werteobjektivismus, vermittelt jedoch zugleich, dass wohlverstandener Wertesubjektivismus alles andere ist als eine subjektive Beliebigkeit von Wertesetzungen, als ein prinzipienloser Relativismus. Es vertieft unser Verständnis der Beziehungen von Wertetheorie, notwendiger Psychologie und fragwürdigem Psychologismus, von Wertungen, Emotionen und Motivationen. Er behandelt Werteexistenz, Werteerkenntnis, Werterangordnung und Werteverinnerlichung. Manches heute heiß diskutierte Problem scheint bei Heyde längst und nahezu endgültig gelöst zu sein.

---

[7] Heyde, J. E. (1926): Wert. Eine philosophische Grundlegung. Erfurt Verlag Kurt Stenger.

Zunächst einmal sagt Heyde dem allgemeinen Gerede über Werte den Kampf an. Ein Gerede, wie es auch heute und mehr denn je – allen Bemühungen von Philosophen, Logikern und Sprachwissenschaftlern zum Trotz – im Schwange ist. „Denn nichts tut in unserer ‚Erlebnis'-freudigen und ‚Schau'-lustigen Zeit, die so gern und geschickt ihre leichtfertige Denkbequemlichkeit zu bemänteln weiß, bei der Philosophie des Wertes so not wie die Besinnung auf die harte Pflicht zur Klarheit."[8]

Dieser Klarheit dient seine Unterscheidung verschiedener Wertebegriffe, die ja auch Messer aufnahm.

Was ist der Tatbestand, welches Gegebene ist gemeint, wenn man von „Wert" spricht? Was bezeichnet das Wort Wert? Heyde führt drei typische Beispielsätze vor:

1. Die (schöne) Vase hat einen Wert [Wert^I]
2. Die (schöne) Vase ist ein Wert [Wert^{II}]
3. Die Schönheit (der Vase) ist ein Wert [Umwandlung des Wert^I-Prädikats in ein Wert^I-Subjekt]

Auf dieser Unterscheidung baut er eine fundamentale Kritik des Werteidealismus auf und stellt fest: „Da Wert^{II} auf Wert^I zurückführbar ist, dürfte klar sein, dass das eigentliche Ziel jeder Grundlegung der Wertlehre die Klarstellung des Wortes Wert im Sinne von Wert^I ist, d. h. die Klarstellung der Sache, welche Wert^I heißt oder genannt wird."[9]

Von diesen Ausgangspunkten her charakterisiert Heyde Wert als einen Beziehungsbegriff zwischen Objekt (Werteobjekt) und Subjekt (Bewusstsein). Die Alternative „Subjektivität oder Objektivität der Werte" kennzeichnet er als ein falsches Entweder-oder.

---

[8] Ebenda, S. 3.
[9] Ebenda, S. 29.

D – Das Definitionsproblem: Was sind Werte

Dann fragt er: „Was ist/heißt Werten?"[10] Er zeigt, dass Wertungsprozesse ohne Rückgriff auf die psychologischen Sachverhalte der Werteerlebnisse und Wertegefühle schlicht nicht zu begreifen sind. Das Wertegefühl ist eine psychologische Tatsache.[11] Für ihn ist klar, dass sich „in der Werttheorie Psychologie und Logik die Hand reichen".[12]

Heyde analysiert die Werteevolution und die Entstehung von Wertehierarchien. Er unterscheidet biologisch und sozialhistorisch entstandene Wertearten und Wertemaßstäbe. Aus dem „normativen Dreigestirn" – wahr, schön, gut (theoretischer, ästhetischer, ethischer Wert)[13] – scheidet er sogenannte Wahrheitswerte überhaupt aus. Sie beinhalten eine Beziehung zwischen Aussage und Sachverhalt, nicht zwischen wertendem Subjekt und Werteobjekt, sind, wie auch alle Messwerte, keine Werte im hier analysierten Sinn. Und er stellt fest: „Die ganze Frage der Rangordnung ist demnach von Grund aus verfehlt [...] Wie wenig tatsächlich die Fragen des Werteranges bisher zu einer befriedigenden Lösung geführt haben, beweist die bunte Vielgestaltigkeit der Antworten".[14]

Schließlich analysiert auch er die Werteverinnerlichung, die Werteinteriorisation. Für ihn bedeutet Werteaneignung nichts anderes als die Zuordnung von Werteobjekten zu einem besonderen Zustand des Wertesubjekts. Das ist offensichtlich ein psychologisches Problem. Das ist kein philosophisches Problem, aber das zentrale praktische Problem jeder Wertetheorie.

Mit Heyde fand die summierende Ausgestaltung der Wertetheorie im deutschsprachigen Raum bis in die dreißiger Jahre einen relativen Höhepunkt und Abschluss.

---

[10] Ebenda, S. 62, 63.
[11] Ebenda, S. 144.
[12] Ebenda, S. 146.
[13] Ebenda, S. 133.
[14] Ebenda, S. 187.

Die wirre Diskussion von Wertephilosophie, Wertetheorie und weiterer Werteforschung ergab einige bis heute stabile Gesichtspunkte:

Wert ist immer ein Beziehungsbegriff zwischen einem Objekt, dem Werteobjekt, und einem Subjekt mit seinem Bewusstsein. Die Alternative „Subjektivität oder Objektivität der Werte" ist ein falsches Entweder-oder.

Wert ist das Resultat dieses In-Beziehung-Setzens, also ein Resultat des Wertungsvorgangs.

Um den Wertungsvorgang und seine Resultate, Wertungen, Werte zu verstehen, bedarf es sowohl der logischen, philosophischen, sozialwissenschaftlichen wie auch der psychologischen Analyse. Wertetheorie ohne Psychologie bleibt leer, Wertepsychologie ohne Wertetheorie bleibt blind. In der Wertetheorie reichen sich Psychologie und Philosophie die Hand.

Sind Wertungen und Werte das Gleiche?

Auch negative Werte sind Werte. Kein Wert ist allgemein nur positiv. Immer müssen wir nach der Gesamtstruktur des Wertens fragen: Wer bewertet was auf welchen Grundlagen, nach welchen Maßstäben? Diese Gesamtstruktur umfasst Prozess und Resultat, Wertungsvorgang *und* Wertungsergebnis. Wir können den *Vorgang* selbst, aber auch sein *Ergebnis* sowohl Wertung als auch Wert nennen. Einige Autoren versuchen, die Wertung als Vorgang, und den Wert als dessen Ergebnis zu definieren. Aber das führt im alltäglichen wie im wissenschaftlichen Sprachgebrauch nur zu dauernden Verwirrungen.

Faktisch ist der Begriff Wertung im gleichen Sinn doppelt belegt wie der Begriff Erkenntnis. Der Begriff der Erkenntnis bezeichnet das Ergebnis (das Erkannte) und den Vorgang des Erkennens (den Erkenntnisakt). Diese Doppeldeutigkeit ist oft zu beobachten. „Die Versubstantivierung des Verbums ‚erkennen' zur ‚Erkenntnis' verdeckt z. B., ob es sich dabei um einen Vorgang oder um das Ergebnis eines solchen Vorgangs handelt. Diese Zweideutigkeit ist von sehr vielen Wörtern im Deutschen bekannt. Wenn etwa die Arbeit des Bauern anstrengend ist, und in der Kunsthalle die neueste Arbeit des Malers X ausgestellt wird, so wird mit demselben Wort einmal ein Vorgang und einmal ein Ergebnis bezeichnet."[15]

Gehen wir von der allgemeinsten Bestimmung von Werten aus, die gleich genauer zu fassen ist, sind alle Werte Bezeichnungen für etwas, was aus der Wirklichkeit absichtsvoll hervorgehoben wird. Damit sind alle Werte Ergebnisse, aus Vorgängen des Wertens herrührend. Sowohl diese Vorgänge wie die Ergebnisse können mit dem Begriff Wertung bezeichnet werden.

Aufgrund dieser Doppeldeutigkeit ist es sinnvoll, den Begriff Wertung nur für Ergebnisse des Wertens zu benutzen, aber nie für Wertungsvorgänge. Dann gilt die Gleichsetzung:

Wert = Wertung = Wertungsergebnis.

Definierende Wertebegriffe

Wertebegriffe gibt es wie Sand am Meer, ihre Wiedergabe ist so etwas wie eine Definition durch Aufzählung. Frank Sauer hat sich die schwierige und sicher oft undankbare Aufgabe gestellt, eine große Fülle von Werten und die dazu gehörigen Erklärungen zusammenzutragen.[16] Im Netz fin-

---

[15] Janich, P. (2000): Was ist Erkenntnis? Eine philosophische Einführung. München S. 13.
[16] Sauer, F.H. (4. Aufl. 2022): Das große Buch der Werte – Enzyklopädie der Wertvorstellungen. Köln Hürth Intuistik Verlag.

det sich ein laufend aktualisiertes Ranking: „Welche Werte sind im (weltweiten) deutschsprachigen Raum von besonderem Interesse und scheinbar wichtig?" Das Ranking berücksichtigt Umfrageergebnisse, Suchanfragen an das Online-Werte-Lexikon, Google-Suchanfragen und Zugriffe auf die Enzyklopädie der Wertvorstellungen:

1. Respekt
2. Loyalität
3. Gerechtigkeit
4. Ehrlichkeit
5. Freiheit
6. Verlässlichkeit
7. Integrität
8. Mut
9. Vertrauen
10. Toleranz
11. Empathie
12. Achtsamkeit
13. Authentizität
14. Dankbarkeit
15. Verantwortung
16. Humor
17. Akzeptanz
18. Gesundheit
19. Fairness
20. Zuverlässigkeit
21. Freude
22. Aufgeschlossenheit
23. Begeisterung
24. Anstand[17]

---

[17] https://werteland.com/enzyklopaedie/ranking-der-werte (aufgenommen 30.09.2022).

D – Das Definitionsproblem: Was sind Werte 25

Es ist wenig verwunderlich, dass hier vor allem Werte auftauchen, die im persönlich-sozialen Bereich wichtig sind. Sie sind hochabstrakt; im Leben und Handeln von Menschen spielen sie nur konkretisiert und individualisiert eine Rolle. Sie sind auch nicht durchgängig positiv, wie man bei einer ersten Durchsicht meinen könnte. Der Mut eines Feuerwehrmannes und der Mut eines Terroristen unterscheiden sich wie weiß und schwarz. Und Toleranz gegenüber Drogenmissbrauch ist auch nicht gerade etwas positiv zu Bewertendes. Viele in Medien und Reden beschworenen Werte wie Vernunft, Demokratie, Solidarität, Individualismus, Freiheit, Gleichheit, Rechtsstaatlichkeit, Gemeinwohl, Glück, Schönheit tauchen erst viel weiter hinten auf.

Der berühmte Werteforscher Milton Rokeach bezeichnet diese Art von Werten als (1) *existenzielle Werte* oder Zielwerte („terminal values"). Es sind Werte, die alle Menschen verwenden, wenn sie Einstellungen und Meinungen formulieren. Sie umfassen wünschenswerte Ideal- oder Grundwerte. Als (2) *instrumentelle Werte* („instrumental values") bezeichnet er – meist als Eigenschaftswörter formulierte – Handlungsweisen, die ein Individuum einsetzen kann, um seine Lebensziele zu erreichen: etwa ehrlich, fantasievoll, unabhängig, strebsam, fröhlich, mutig, versöhnlich, liebevoll oder selbstbeherrscht. Es ist ein Leichtes, auch sie in Substantive – Ehrlichkeit, Fantasiefülle, Unabhängigkeit, Strebsamkeit und so weiter – umzuformen.[18]

Zusammen mit Werner Sauter habe ich für vier Werteklassen (Genusswerte, Nutzenwerte, ethisch-moralische

---

[18] Rokeach, M. (1973): The Nature of Human Values. New York The Free Press. – Rokeach benutzt als „instrumental values" :ehrgeizig, großzügig, fähig, fröhlich, sauber, mutig, verzeihend, hilfreich, ehrlich, einfallsreich, unabhängig, intellektuell, logisch, liebevoll, gehorsam, höflich, verantwortungsbewusst, selbstbeherrscht; als „terminal values": komfortables Leben, spannendes Leben, eine Welt in Frieden, Gleichberechtigung, Freiheit, Glück, nationale Sicherheit, Vergnügen, Erlösung, soziale Anerkennung, wahre Freundschaft, Weisheit, eine Welt der Schönheit, Geborgenheit in der Familie, reife Liebe, Selbstrespekt, ein Gefühl der Vollendung, innere Harmonie.

Werte, sozial-weltanschaulich-politische Werte)[19] und sechzehn existenzielle Werte, die unserem Wertemesssystem zugrunde liegen, Definitionen und Wertebeispiele formuliert:[20]

1. Kreativität
2. Gesundheit
3. Bildung
4. Beziehungen
5. Lebensstandard
6. Sicherheit
7. Belohnung
8. Gemeinnutz
9. Familie
10. Ideale
11. Verantwortung
12. Respekt
13. Individuelle Freiheit
14. Einfluss
15. Norm und Gesetz
16. Netzwerk

Diese Werte korrespondieren weitgehend mit den von Helmut Klages und Thomas Gensicke im Rahmen der Shell-Jugendstudien benutzten[21]; diese wurden in auf-

---

[19] Sozial-weltanschauliche Werte sind immer politisch, politische immer sozialweltanschaulich. In Messverfahren vermeidet man allerdings besser das Wort politisch, es trägt für die meisten Menschen eine negative Konnotation – „Ein garstig Lied! Pfuy! ein politisch Lied" heißt es in Goethes Urfaust.

[20] Erpenbeck, J., Sauter, W. (2022): Wertetraining. Praxis, Coaching, Übung und Bildung für die gezielte Werteentwicklung von Persönlichkeiten. Stuttgart Schäffer und Poeschel Verlag.

[21] Albert, M., Hurrelmann, K., Quenzel, G. u. a. (2019): Jugend 2019–2018. Shell Jugendstudie: Eine Generation meldet sich zu Wort. Darin: Gensicke, T.: Die Wertorientierungen der Jugend mit Wertefragebogen. Weinheim Beltz Verlag.

D – Das Definitionsproblem: Was sind Werte

wendigen Pretests und Tests erarbeitet[22] und durch die Jugendstudien einige Tausend Mal immer wieder verifiziert. Unsere Schwierigkeit bestand nicht darin, allgemeine Definitionen zu erarbeiten. Dafür gibt es viele brauchbare Lexika. Die Schwierigkeit bestand vielmehr darin, Wertebeispiele zu finden, die für die Befragten auf die jeweils besonderen Lebensumstände und -erfahrungen zu beziehen sind und die sie zu eigenen Wertungen führen.

„Das Besondere statt des Allgemeinen, propriae communia dicere, Gänsediebstahl statt Dieberei, dieses ist das Element des Ausdrucks", stellt der berühmte Physiker-Schriftsteller Georg Christoph Lichtenberg in seinen Aphorismen fest. Was ist im Wertungsvorgang das Besondere, was das Allgemeine?

Ein Löwe ist böse, die Schwiegermutter ist böse, der Blitz ist böse, Feinde sind böse. Das sind einige Wertungen. Sie lassen sich zu einer verallgemeinerten Wertung zusammenfassen: Es gibt Verschiedenes, das (unter bestimmten Umständen) für einen einzelnen oder auch für die meisten Menschen böse ist. Ein Bild, eine Plastik, ein Gebäude, ein Musikwerk, ein Gedicht oder ein Roman gelten einzelnen oder vielen Menschen als schön. Es gibt verschiedenes Schöne. Soweit ist der Verallgemeinerungsvorgang zwar schlicht, aber völlig in Ordnung. Es gibt aber eine weitere Form der Verallgemeinerung, vor der schon Karl Marx gewarnt hat: „Das gewöhnliche Denken hat immer abstrakte Prädikate fertig, die es trennt von dem Subjekt. Alle Philosophen haben die Prädikate selbst zu Subjekten gemacht".[23] Also beispielsweise aus „ist böse" – „das Böse", aus „ist schön" – „das Schöne". Das gilt für die meisten wertenden

---

[22] Herbert, W. (1987): Dynamik von Wertänderungsprozessen. Dokumentation zur Pretestphase: Fragebogenentwicklung und einzelne Ergebnisse. Speyer Forschungsinstitut für öffentliche Verwaltung.
[23] Marx, K., Engels, E. (1973): Karl Marx/Friedrich Engels – Werke, Band 40. Berlin Dietz Verlag. S. 127.

Prädikate. Konkret: Aus dem Bösesein – das Böse, aus dem Schönsein – das Schöne. Solange das nur abkürzend als Ergebnis eines Wertungsvorgangs benutzt wird ist alles in Ordnung. Aber nur allzu leicht bekommt der Wert, etwa das Böse oder das Schöne, ein Eigenleben, tritt neben die Dinge, die bewertet wurden, verselbstständigt sich. Im primitivsten Fall avanciert das Böse, mit Bocksbeinen, Hörnern und Schwänzchen ausgestattet, zum „Teufel". Im kompliziertesten Fall wird er zu einer systematisch diskutierten und mit Ablehnung bedachten ethischen oder politischen Kategorie im „Reich des Bösen" („evil empire"). Das Schöne wird zu einer ganzen Disziplin emporgedacht – zur Ästhetik als Wissenschaft und Lehre vom Schönen. Ich glaube, man muss jeweils die gesamte Wertestruktur im Blick haben, um nicht im Sumpf abstrakter Prädikate zu versinken.

Bei allen Werten ist deshalb Vorsicht geboten. Beispielsweise in der Ethik: Wer wertet was auf welcher Grundlage und nach welchen Maßstäben als Böses. Oder in der Ästhetik: Wer wertet was auf welcher Grundlage und nach welchen Maßstäben als schön, erhaben, tragisch … Das muss man immer beantworten, um einen Wert hinreichend zu charakterisieren. Also nach der wirklichen Wertung ist immer zu fragen[24], *nach dem Gänsediebstahl statt nach der Dieberei.*

Definitionen im Lexikon

Es gibt kein neueres Philosophielexikon, in dem der Begriff „Wert" nicht als Schlagwort auftaucht. Auch in den meisten Soziologie- und Pädagogiklexika wird ihm ein prominenter Platz eingeräumt. Also alles geklärt, alles klar?

---

[24] Erpenbeck, J. (3. überarb. erw. Aufl. 2015): Was kann Kunst. Gedanken zu einem Sündenfall. Mit einem Beitrag von Schober, R. Leipzig Max Stirner Archiv.

D – Das Definitionsproblem: Was sind Werte

Das wird niemand behaupten. Doch zeichnen sich bei allen Erklärungen wesentliche Gemeinsamkeiten ab, die schon Heyde hervorhob. Werte werden als Ergebnisse von Wertungsvorgängen definiert. Ein Werteobjektivismus wird zurückgewiesen. Oft wird der Aneignungsprozess von Werten als Werteverinnerlichung, als Verankerung in individuellen Emotionen und Motivationen einbezogen. Die komplizierte Frage nach Wahrheit oder Geltung von Werten wird allerdings meist ausgeklammert oder nur angedeutet. Die Zusammenhänge von Genuss-, Nutzen-, ethisch-moralischen und sozial-weltanschaulich-politischen Werten bleiben meist im terminologischen Dunkel.

Ich benutze gern die von Paul Baran gegebene einfache und einleuchtende

Definition 1
Werte sind „Bezeichnungen dafür, was aus verschiedenen Gründen aus der Wirklichkeit hervorgehoben wird und als wünschenswert und notwendig für den auftritt, der die Wertung vornimmt, sei es ein Individuum, eine Gesellschaftsgruppe oder eine Institution, die einzelne Individuen oder Gruppen repräsentiert".[25] *Ausgespart aber mitzudenken sind hier die negativen Werte, also das Hervorgehobene, das als wenig wünschenswert oder sogar ablehnens- und hassenswert für den Wertenden auftritt.*

Wenn es umfassender und nach allen Seiten hin abgesicherter sein soll, die philosophiegeschichtliche Herausbildung des Wertebegriffs mit bedenkend und die Wirkungsaspekte von Wert und Wertegeltung einbeziehend, greife ich gern auf das Werte-Komprimat von

---

[25] Baran, P. (1990): Werte. In: Sandkühler (Hrg.) Europäische Enzyklopädie zu Philosophie und Wissenschaften. Hamburg Verlag Meiner. S. 805.

Armin Wildfeuer im „Neuen Handbuch philosophischer Grundbegriffe" zurück, auf die

Definition 2
„Wert (im Singular) [...] ist ein Zuschreibungsbegriff, mit dem in generellster Weise das aus einem Akt der Wertens resultierende Korrelat der Wertschätzung bezeichnet wird, das dazu dient, die strebende Hinwendung des Subjekts auf ein als werthaft eingeschätztes Objekt einerseits als aktiv veranlasst, andererseits als rational begründet zu deuten [...]."[26]

„Unter (konkreten) Werten versteht man im allgemeinen grundlegende, konsensuelle Zustimmung einfordernde, normierend und motivierend gleichermaßen wirkende Zielvorstellungen, Orientierungsgrößen und Qualitäten, die – weil sie sich mit Bezug auf anthropologische Grundkonstanten als unabdingbar oder mit Blick auf kontingent (historisch, situativ, kulturell) bedingte Bedürfnis- und Handlungskontexte als zuträglich erwiesen haben und erweisen – auch tatsächlich angestrebt und gewünscht werden, so dass sich Individuen und Gruppen von ihnen bei ihrer Handlungswahl und ihrer Weltgestaltung leiten lassen."[27]

In meinem Verständnis umreißt der erste Teil der Definition das, was gleich im Kapitel *S* als Wertestruktur erfasst wird. Der zweite Teil umreißt die Werteverinnerlichung, die Interiorisation *I* von Werten als Voraussetzung wertegemäßen Handelns. Ihr ist ein weiteres Kapitel dieses Buchs gewidmet.

---

[26] Armin G. Wildfeuer, A.G. (2011): Artikel Wert, in: Kolmer, P., Wildfeuer, A.G. (Hrg.): Neues Handbuch philosophischer Grundbegriffe, Bd. 3. Freiburg i. Br. Verlag Karl Alber, S. 2484–2504, S. 2496.
[27] Ebenda, S. 2497. (Kontingent meint hier zufällig [im Gegensatz zu logisch notwendig], beliebig [innerhalb der Möglichkeiten], wirklich oder möglich, aber nicht wesensnotwendig. https://de.wiktionary.org/wiki/kontingent).

Eine ganz andere Definition von Werten

1996 habe ich noch eine ganz andere Sicht auf Werte vorgeschlagen.[28] Sie stützte sich auf eine gut gegründete und über Jahrzehnte ausgearbeitete Selbstorganisationstheorie des Stuttgarter Physikers Hermann Haken, auf die *Synergetik*.[29]

Als *Selbstorganisation* wird in der Systemtheorie generell eine Form der Systementwicklung bezeichnet, bei der die formgebenden gestaltenden und beschränkenden Einflüsse von den Elementen des sich organisierenden Systems selbst ausgehen.[30] In Prozessen der Selbstorganisation werden höhere strukturelle Ordnungen erreicht, ohne dass erkennbare äußere, steuernde Elemente vorliegen. Komplexe Systeme erzeugen nichtvoraussagbare innere Systemzustände und verhalten sich nichtvoraussagbar schöpferisch. Selbstorganisation und selbstorganisiertes Verhalten sind reale, beobachtbare Phänomene – und viel häufiger als deterministische Vorgänge.

Moderne Selbstorganisationstheorien[31] beschreiben solche Systeme: beispielsweise die thermodynamisch be-

---

[28] Gestützt auf Haken, H. (1996): Synergetik und Sozialwissenschaften. In: Zeitschrift Ethik und Sozialwissenschaften. Streitforum Erwägungskultur. Bd. 7, Heft 4, S. 1–56; Erpenbeck, J. (1996): Synergetik, Wille, Wert und Kompetenz. In: Zeitschrift Ethik und Sozialwissenschaften. Streitforum Erwägungskultur Bd. 7, Heft 4, S. 78 f.

[29] Haken, H., Wunderlin, A. (2014): Synergetik: Eine Einführung. Nichtgleichgewichts-Phasenübergänge und Selbstorganisation in Physik, Chemie und Biologie. Heidelberg Springer Verlag.

[30] Mainzer, K. (2021): Nonlinear Dynamics, and Local Activity Principle. In: Baecker, D. (Hrg.) (3. Aufl. 2021): Schlüsselwerke der Systemtheorie. Wiesbaden Springer Nature.

[31] Zu den Konzepten der Selbstorganisation, die zwischen 1960 bis 1975 entwickelt wurden, gehören weiterhin die Theorie dissipativer Strukturen, die Theorie autokatalytischer Hyperzyklen, Chaostheorien, Theorien der Ökosystemforschung und andere, auf die hier nicht eingegangen wird.

gründete Selbstorganisationstheorie,[32] die biologisch orientierte Autopoiesetheorie,[33] der pädagogisch verankerte Konstruktivismus.[34]

Hakens Erwägungen gehen indes in einem Punkt weiter als alle anderen grundlegenden Überlegungen. Er führt in seiner Synergetik das Prinzip der *Ordnungsparameter*, der Ordner von Selbstorganisationsprozessen ein. Zur mathematischen Begründung ist am besten Hakens eigener Text zu nutzen.[35] Dahinter verbirgt sich jedoch eine fundamentale Erkenntnis, die meines Erachtens noch nicht wirklich ausgeschöpft ist.[36] Komplexe Systeme bestehen aus Systemteilchen und unterliegen äußeren Randbedingungen. Verändern sich diese, kann das System instabil werden, bis sich innerhalb des Systems eine neue Ordnung durchsetzt.

Hakens berühmtes Schwimmbeckenbeispiel: „Denken wir uns dazu ein Schwimmbecken, bei dem die Schwimmer in einer Richtung zum anderen Rand und zurück schwimmen sollen. Ist das Schwimmbecken sehr voll, wie das an heißen Sommertagen der Fall ist, so sind sehr viele Schwimmer unterwegs und behindern sich beim Hin- und Herschwimmen. Deshalb kommen manche Bademeister auf die Idee, die Schwimmer im Kreis herum ziehen zu lassen. Die gegenseitige Behinderung ist dabei viel kleiner. Hier ist den Schwimmern vom Bademeister eine kollektive Be-

---

[32] Nkoyo, E.I. (2016): Prigogines Theorie dissipativer Strukturen: Naturphilosophische und erkenntnistheoretische Betrachtungen. München Herbert Utz Verlag.

[33] Maturana, H. R., Varela, F. J. (9. Aufl. 2009): Der Baum der Erkenntnis: Die biologischen Wurzeln menschlichen Erkennens. Frankfurt am Main Fischer Taschenbuch Verlag.

[34] Arnold, R. (2018): Ich lerne, also bin ich: Eine systemisch-konstruktivistische Didaktik. Carl Auer Verlag.

[35] Siehe Fußnote 43.

[36] Kriz, J., Tschacher, W. (2017): Synergetik als Ordner – Die strukturierende Wirkung der interdisziplinären Ideen Hermann Hakens. Lengerich Westfalen Pabst Verlag.

wegung vorgeschrieben worden. Aber auch ohne Bademeister können die Schwimmer auf die Idee kommen, im Kreis zu schwimmen. Erst sind es vielleicht nur einige, aber immer mehr schließen sich ihnen an, da die Kreisbahn auch für diese bequemer ist. So entsteht schließlich eine kollektive Bewegung, und zwar ohne äußere Anordnung, das heißt selbstorganisiert."[37]

Es stellt sich also selbstorganisiert, ohne alle Anordnungen eines Bademeisters, ein Ordnungszustand oder kurz Ordner ein. Niemand steht draußen am Rand und ruft ordnend, normierend: „Jetzt schwimmen wir mal alle im Kreis, links- oder rechtsherum". Im Gewusel der Schwimmer schwimmen einige eher zufällig in einer Richtung, nach links oder rechts, diese „Instabilität" setzt sich schnell, fast schlagartig durch, zwingt alle, die sich noch ungeordnet daher bewegen, auf die Kreisbahn. Die Kreisbewegung bildet einen Ordner. Der Ordner, im skizzierten Beispiel die Kreisbewegung, und die von ihm „versklavten" Teile, die Schwimmer, bedingen sich in ihren Bewegungsformen gegenseitig. „Durch die Kollektivbewegung der Teile entsteht der Ordner, der Ordner umgekehrt versklavt die Teile, indem er sie in den Ordnungszustand zwingt."[38]

Das Entscheidende ist: Der Ordner, die Kreisbewegung, wird nicht von außen, auch nicht durch innere Gesetze aufgezwungen. Die „Teilchen", die Schwimmer, schaffen ihren Ordner. Dann aber „versklavt" der Ordner die „Teilchen", zwingt sie auf die einmal eingeschlagene Bahn. Das Zusammenwirken von Vielen in einem komplexen System führt dazu, dass sie sich Ordner schaffen, die – einmal existierend – auf das Handeln der vielen Einzelnen zurück-

---

[37] Haken, H. (1995): Erfolgsgeheimnisse der Natur. Synergetik: die Lehre vom Zusammenwirken. Reinbek bei Hamburg Rowohlt Taschenbuch Verlag. S. 52.
[38] Haken, H. (1996): Synergetik und Sozialwissenschaften. In: Ethik und Sozialwissenschaften Bd. 7, Heft 4, S. 588.

wirken, sie konsensualisieren. Dabei entstehen die Ordner weitgehend spontan, unvorhersagbar, gewinnen aber, einmal vorhanden, systemerhaltende und -bewegende Kraft. Das lässt sofort an Werte denken. Auch Werte sind zufällig und notwendig zugleich. Das wurde an vielen Beispielen in sozialen Bereichen demonstriert, so besonders von Wolfgang Weidlich,[39] von Christof Nachtigall[40] und anderen. Werner Ebeling und sein Team[41] haben deutlich auf die besondere Bedeutung der Selbstorganisationstheorie und der Ordner für soziale Prozesse hingewiesen.

Auch andere Beispiele, die Haken selbst gibt, sind Werte oder weitgehend wertebestimmt. „Teilchen" sind bei ihm in unterschiedlichen Zusammenhängen handelnde Menschen; Ordner sind beispielsweise Kulturen, Gesetze, Rituale, Umgangsformen, Moden, Betriebsklima, Volkscharaktere, Ethiken, Staatsformen usw.[42] Entscheidend ist jedoch, dass die Handelnden sich diese Werte so angeeignet haben, dass sie zu Beweggründen ihres eigenen, individuellen Handelns, dass sie ihnen zu eigenen Emotionen und Motivationen geworden sind. Werte, die nicht wenigstens durch die handlungswichtigen Kernpersonen verinnerlicht, das heißt zu eigenen Emotionen und Motivationen umgewandelt wurden, haben keine Wirklichkeit. Leitlinien eines Unternehmens, die zwar auf Hochglanzpapier verbreitet, jedoch durch die Mitarbeiter und die Führung nicht handelnd gelebt werden, sind das Hochglanzpapier nicht wert, auf dem sie gedruckt wurden.

---

[39] Weidlich, W. (2016): Grundkonzepte der Physik: Mit Einblicken für Geisteswissenschaftler. Berlin De Gruyter Verlag.
[40] Nachtigall, C. (1997): Selbstorganisation und Gewalt. Münster, New York, Berlin Waxmann Verlag.
[41] Ebeling, W., Feistel, R. (2011): Physics of Self-Organization and Evolution. Weinheim Verlag Wiley-VCH.
[42] Haken, H. (1996): Synergetik und Sozialwissenschaften. In: Ethik und Sozialwissenschaften Bd. 7, Heft 4, S. 590.

D – Das Definitionsproblem: Was sind Werte

Spätestens hier könnten Zweifel einsetzen. Ist eine allgemeine Systemtheorie wie die Synergetik in der Lage, etwas ebenso Kompliziertes wie Weltbewegendes, nämlich Werte im Grundsatz zu erfassen? Hermann Haken und Arne Wunderlin erklären dazu: „Synergetik, die ‚Lehre vom Zusammenwirken', begründete eine neue Forschungsrichtung [...] die sich mit Systemen, die aus sehr vielen Teilen bestehen, befasst, und die erklären sollte, wie durch das Zusammenwirken sehr vieler Teile Strukturen auf makroskopischer Ebene entstehen können. Praktisch alle in den Wissenschaften untersuchten Objekte können als Systeme aufgefasst werden, die aus sehr vielen Teilen, Elementen beziehungsweise Untersystemen bestehen. Diese Teile können etwa Atome, Moleküle, biologische Zellen, Neuronen, Organe, aber auch ganze Tier- und Menschengruppen sein. Die Frage die sich [...] stellte, war: Liegen dem Entstehen makroskopischer Strukturen immer die gleichen Gesetzmäßigkeiten zugrunde, unabhängig von der Natur der einzelnen Teile? Angesichts der Verschiedenartigkeit der Teile, etwa Atome oder Menschen, mag diese Fragestellung absurd erscheinen. Wie sich aber in den letzten Jahren deutlich zeigte, gibt es tatsächlich solche Gemeinsamkeiten. Diese treten dann zutage, wenn wir uns auf qualitative Änderungen auf makroskopischer Ebene beschränken. Das sind aber gerade die interessantesten Situationen, treten hier doch dann jeweilig erstmals die neuen Strukturen zutage. Wie sich darüber hinaus zeigte, lassen sich diese Gesetzmäßigkeiten durch ganz wenige Konzepte wie Instabilität, Ordner bzw. Ordnungsparameter, Versklavung erfassen und in eine präzise mathematische Form gießen."[43]

Die für die Wertethematik wichtigste Gemeinsamkeit ist also die von Haken benannte Entstehung sogenannter *Ord-*

---

[43] Haken, H., Wunderlin, A. (1991): Die Selbststrukturierung der Materie. Synergetik in der unbelebten Welt. Braunschweig. S. 30.

ner in komplexen, selbstorganisierenden Systemen. Die Entdeckung solcher Ordner der Selbstorganisation, ob real (physisch) oder geistig (gedanklich), ist eine der großen Errungenschaften der Synergetik. Sie wird in keinem anderen Selbstorganisationsansatz so deutlich thematisiert. Sie ist der eigentliche Schlüssel zur Werteproblematik. Die Teile schaffen ihren Ordner, der Ordner „versklavt", milder ausgedrückt „konsensualisiert" die Teile. Diese Beschreibung, das sei nochmals hervorgehoben, erinnert deutlich an den menschlichen Umgang mit Werten: Sie werden innerhalb sozialer Wandlungen und Entwicklungen von Menschen geschaffen, um kollektive Bewegungen überhaupt erst zu ermöglichen, gleichzeitig „versklaven" sie, vor allem in den zu Regeln, Normen und Gesetzen, Gebräuchen und Traditionen verfestigten Formen die Menschen, drängen sie dazu, sich im Mittel wertekonform zu verhalten.[44] Das führt zur meiner grundlegenden

Definition 3
Werte sind Ordner sozialer Komplexität. Ohne solche Ordner wird Komplexität nicht beherrschbar. Sie sind zugleich zufällig und notwendig. Sie haben ihre Wirklichkeit jedoch nur, wenn sie durch Einzelne verinnerlicht und gelebt werden. Werte sind damit stets Ordner individueller oder kollektiver, physischer oder geistiger menschlicher Selbstorganisation. Kurz: Werte sind Ordner menschlicher Selbstorganisation.

Wie dieses Ordnen im Einzelnen, Konkreten vor sich geht, muss immer wieder neu durch Begreifen der Struktur **S** von Wertungsvorgängen und Wertungsergebnissen aufgeklärt werden. Auch ohne ein Verstehen der Werteverinnerlichung, der Interiorisation **I**, kommt man Wertungen, Werten nicht auf die Schliche. Das aber ist mein Ziel.

---

[44] Haken, H. (1996): Synergetik und Sozialwissenschaften. Ztschr. Ethik Sozialwiss. Streitforum Erwägungskultur. H.4, S. 1–56, S. 588.

S – Das Strukturproblem: Wie sind Werte strukturiert?

Die Logik des Unlogischen

Werte liegen oft derart weit außerhalb des Menschlich-Vernünftigen, gar der alltäglichen Logik, dass es eines gesonderten und innovativen gedanklichen Apparats bedarf, um dennoch ihre strukturellen und sprachlichen Gegebenheiten zu erfassen.

Die *Klassische Logik*, die in wichtigen Teilen bis auf Aristoteles zurückgeht, umfasst die Aussagen- und die Prädikatenlogik.[1] Für uns sind hier daraus nur diese Feststellungen wichtig: (1) Jede Aussage hat genau einen von zwei Wahrheitswerten, die meist als *wahr* und *falsch* bezeichnet werden. Man nennt dieses Prinzip das Prinzip der Zweiwertigkeit oder Bivalenzprinzip; (2) Der Wahrheitswert einer zusammengesetzten Aussage ist eindeutig durch die Wahrheitswerte ihrer Teilaussagen und die Art, wie

---

[1] Urchs, M (1993): Klassische Logik. Eine Einführung (Logica nova). Berlin Akademie Verlag.

diese zusammengesetzt sind, bestimmt. Dieses Prinzip heißt das Prinzip der Extensionalität.[2] Beide Prinzipien gelten *nicht* für Werte.

Werte sind nicht wahr oder falsch. Das Bivalenzprinzip gilt damit für sie ausdrücklich nicht. Folglich lässt sich auch das Prinzip der Extensionalität nicht anwenden. Werte sind stattdessen in Geltung **G**, oder wie immer man diesen entscheidenden Unterschied fassen will.

Wenn mindestens eines der beiden genannten klassischen Prinzipien – Zweiwertigkeit oder Extensionalität – in einem logischen System aufgegeben wird, spricht man von einer *nichtklassischen Logik* bzw. einem nichtklassischen logischen System.[3] Das wird zum Beispiel in den sogenannten *Modallogiken* durchexerziert. Das sind Logiken, die sich mit den Folgerungen um die Modalbegriffe *möglich* und *notwendig* befassen. Die *deontische Logik* wird als Anwendungsfall der Modallogik betrachtet. Sie wird definiert als die Logik von Normen und Normensystemen beziehungsweise von Aussagen über das, was *geboten*, *erlaubt* oder *verboten* ist. Damit sind wir den Werten schon ziemlich nahe.

Der Schritt von deontischer Logik der Normen zu einer *Logik der Werte* muss mit Bedacht gegangen werden. Er ist für die Lösung des Fundamentalproblems „wie sind Werte strukturiert" äußerst wichtig. Eine klare Stellungnahme zum Definitionsproblem „was sind Werte", im vorigen Kapitel behandelt, ist dabei die Voraussetzung. Franz von Kutschera, der sich im deutschsprachigen Raum vielleicht am aktivsten der Wertelogik zuwandte, begründet kenntnisreich und argumentativ vielfältig seine Sicht auf die Frage nach dem Verhältnis von Werteobjektivismus und Wertesubjektivismus, von Wert und Wirklichkeit.

---

[2] https://de.wikipedia.org/wiki/Logik (aufgenommen 01.10.2022).
[3] Kreiser, L. (2017): Nichtklassische Logik. Eine Einführung. Berlin Akademie Verlag.

„In dieser Frage stehen sich zwei Positionen gegenüber, Subjektivismus und Realismus. Subjektivistische Theorien behaupten, alle Werttatsachen leiteten sich aus Interessen von Personen ab. Für Realisten gibt es hingegen, insbesondere auf moralischem und ästhetischem Gebiet, objektive Werttatsachen die nicht von unseren Interessen abhängen. Für Realisten ist etwas nicht gut oder schön, weil wir daran Interesse haben, sondern wir haben daran Interesse, weil wir es als gut beziehungsweise schön erkennen. Meist wird der Realismus in Form eines Objektivismus vertreten, nach dem Wertbegriffe und Werttatsachen Konstituenten der Außenwelt sind, ähnlich wie physikalische Eigenschaften und Tatsachen. Die Diskussion dieser Kontroverse steckt gegenwärtig in einem Dilemma, denn gegen beide Positionen gibt es stichhaltige Einwände. Heute ist zwar der Subjektivismus so etwas wie die offizielle Doktrin, während es nur wenige Wertrealisten gibt, sachlich ist das aber unbegründet, denn die Einwände gegen den Subjektivismus sind nicht schwächer als jene gegen den Objektivismus."[4]

Der Autor ist bemüht, einen Weg zwischen Subjektivismus und Objektivismus zu finden. Er stellt beide Positionen und die Einwände dagegen ausführlich dar. Er umreißt, wie Werte erfahren und verstanden werden. In einem Abschn. *„Die Wirklichkeit objektiver Werte"* trägt er unterschiedliche Erklärungsformen von Werten zusammen, um schließlich die Rolle von Wertetatsachen im menschlichen Handeln zu betonen. Hierin würde ihm aber auch der hartgesottenste Wertesubjektivist nicht widersprechen. Natürlich gibt es Tatsachen, die weitgehend unabhängig von subjektiven Interessen bestehen, das lässt sich aber wie schon gezeigt, auch durch ein Zusammenwirken von Wertesubjektivismus und Werteobjektivismus, durch ein We-

---

[4] Von Kutschera, F. (2010): Wert und Wirklichkeit. Paderborn Mentis Verlag. S. 9.

der-noch gegenüber den Extrempositionen klären. Ein Selbstorganisationsverständnis von Werten, wie im vorigen Kapitel vorgeschlagen, lässt sich mühelos in Übereinstimmung mit von Kutscheras „Objektivismus" bringen.

Damit lassen sich seine Überlegungen zur Logik von Werten[5] hier fruchtbar machen. Von Kutschera unterscheidet klassifikatorische, komparative und metrische Wertebegriffe.

Ein *klassifikatorischer* Wertebegriff liegt vor, wenn wir Objekte der Wertung in wertvolle und wertlose einteilen, eventuell auch mit ein paar dazwischen liegenden Abstufungen.

Ein *komparativer* Wertebegriff liegt vor, wenn wir Objekte der Wertung ihrem Wert nach vergleichen und von zweien sagen können, a sei wertvoller als b, oder a sei ebenso wertvoll wie b.

Ein *metrischer* Wertebegriff liegt vor, wenn wir den Objekten eine Zahl zuordnen können, die ihren Wertebetrag angibt.[6] Dabei muss es sich keineswegs um objektivierte Wertebeträge handeln, wie es etwa beim Vergleich des Preises von Immobilien oder Kraftfahrzeugen geschieht. Es kann beispielsweise auch die subjektive Einschätzung der Schönheit von Bildern metrisch erfasst werden: Van Goghs „Sonnenblumen" finden Museumsbesucher durchschnittlich um – angenommen – 23 % schöner als die „Sternennacht".

Von Kutscheras Einteilung der Wertebegriffe in klassifikatorische, komparative und metrische führt beim Weiterdenken sofort über den Bereich des Logischen hinaus. Es geht um nicht mehr und nicht weniger als die *Maßstäbe von Wertungen*.

---

[5] Von Kutschera, F. (1973): Einführung in die Logik der Normen, Werte und Entscheidungen. Freiburg, München Verlag Karl Alber.
[6] Ebenda, S. 85.

Eine andere wichtige Bemerkung zielt ab auf die *Grundlagen von Wertungen*. „Ein Gegenstand ist immer in einer bestimmten Hinsicht wertvoll oder wertlos; er kann in einer Hinsicht wertvoll sein, in einer anderen Hinsicht dagegen wertlos. So kann zum Beispiel ein Schmuckstück einen geringen Marktwert, aber einen hohen Erinnerungswert haben. Und neben materiellen Werten gibt es ethische, kulturelle und politische Werte, neben individuellen Werten soziale Werte und so fort."[7] Wir müssen also angeben, auf welchen Grundlagen unsere Wertung beruht. Das können jedermann einleuchtende ethische, kulturelle oder politische Gegebenheiten sein. Es können aber auch die irrsinnigsten Überzeugungen dem Handeln zugrunde liegen. Wir haben das früher am Beispiel der Kriegsbegeisterung 1914 illustriert.[8]

Von Kutschera betont, dass es sich bei den wertenden Subjekten keineswegs nur um Einzelpersonen handeln muss, sondern dass sich subjektive Wertungen auch für kollektive Werter ergeben können.[9] *Genauer sollte man von intersubjektiven Werten, etwa bei ethischen, bei sozialen Werten sprechen.*[10] *Es geht also um die Subjekte von Wertungen.*

Das Wertekleeblatt

„Kai-Peter ist fremdgegangen – und so, dass es alle mitbekommen haben. Der Schweinehund [...] Das müsste mein Mann sich mal wagen, dem würde ich den Marsch blasen" sagt Annedore, hinter vorgehaltener Hand flüsternd, zu ihrer Freundin. Ein Werturteil über Kai-Peter,

---

[7] Ebenda, S. 85 f.
[8] Erpenbeck, J., Sauter, W. (2020): Die Wertegesellschaft: Formen – Folgerungen – Fragen. Heidelberg Springer Verlag.
[9] Von Kutschera, F. ebenda, S. 86.
[10] Ebenda, S. 123.

der sich nicht einmal verteidigen kann. In einer für Wertungen typischen Form, einer klaren Struktur, auch wenn man den Vorwurf nicht akzeptiert.

Annedore ist die Wertende, das *Subjekt* der Wertung. Subjekt ist hier nicht herabsetzend, sondern philosophisch gemeint, mit Blick auf eine Subjekt-Objekt-Beziehung. Das *Objekt* der Wertung ist Kai-Peter, genauer gesagt sein Handeln. Sie wertet gemäß ihren ethisch-moralischen *Grundlagen* – was „man" macht und was nicht – die persönlich, familiär, kulturell und zivilisatorisch akzeptiert und von ihr verinnerlicht, interiorisiert sind. Und sie hat ziemlich genaue *Maßstäbe,* was schon schlimm genug, was ganz schlimm ist und wann es sich um einen Schweinehund handelt.

Diese allgemeine logische Struktur, selbst bei der unlogischsten Behauptung, liegt allen Wertungen, allen Werten zugrunde. Man kann da feiner rastern, die Wertebegriffe weiter differenzieren, unterschiedliche Typen von Wertetheorien unterscheiden, die unterschiedliche Blicke auf Werte und Wertungen ermöglichen.[11] Solche Ansätze werden bis heute intensiv verfolgt.[12] Ich habe im vorigen Abschnitt gezeigt, dass Franz von Kutschera, Altmeister einer

---

[11] Von Kutschera, F. (1982): Grundlagen der Ethik. Berlin, New York. S. 39–81 (Typen ethischer Theorien). Von Kutschera unterscheidet deskriptive, normative und metaethische Theorien, kognitivistische und nichtkognitivistische Theorien, naturalistische und nichtnaturalistische Theorien, subjektivistische und objektivistische Theorien, teleologische, deontologische und internationalistische Theorien, monistische und pluralistische Theorien. Der hier eingenommene Standpunkt bedarf keiner Einbettung in eine Typendiskussion.

[12] Cornides, T. (1974): Ordinale Deontik: Zusammenhänge zwischen Präferenztheorie, Normlogik und Rechtstheorie: Wien Springer Verlag; von Wright, G.H., Poser, H. (Hrg.) (1977): Handlung, Norm und Intention: Untersuchungen zur deontischen Logik. New York de Gruyter; Kamp, G. (2001): Logik und Deontik: Über die sprachlichen Instrumente praktischer Vernunft. Paderborn Brill Mentis Verlag; Morscher, E. (2012): Normenlogik: Grundlagen – Systeme – Anwendungen. Paderborn Brill Mentis Verlag; Zoglauer, T. (2021): Einführung in die formale Logik für Philosophen. UTB; Krope, P., Felst, M., Kohrs, A. (2021): Das Transsubjektivitätsprojekt: Ein Zugang zur methodisch-konstruktiven Ethik. Münster, New York Waxmann Verlag.

Logik der Werte, sowohl die Maßstäbe als auch die Grundlagen von Wertungen berücksichtigte und auch den Subjekten von Wertungen, insbesondere individuellen und kollektiven Subjekten, seine Aufmerksamkeit schenkte.

Für mich hat Alexander Iwin die logische Struktur, die schon im einfachen Eingangsbeispiel aufschien, in unnachahmlicher Weise ins Bild gesetzt. Um richtig verstanden zu werden: Ich behaupte nicht, dass seine „Logik der Wertungen" das Höchste ist, was eine moderne Wertelogik leisten kann. Wovon ich aber durch Jahre von Lehr- und Anwendungserfahrung überzeugt bin: Die von ihm erarbeitete Struktur von Wertungen ist der vielleicht anschaulichste und in der Praxis anwendbarste Versuch einer Beschreibung des Strukturproblems.[13]

Alexander Iwin unterscheidet vier „Komponenten" von Wertungen: Subjekte, Objekte, Grundlagen und Maßstäbe von Wertungen:

1. *Subjekt einer Wertung* ist danach „die Person (oder die Gruppe von Personen), die einem bestimmten Gegenstand durch die Äußerung der gegebenen Wertung einen Wert zuschreibt". Jede Wertung muss den Hinweis auf das wertende Subjekt enthalten, sonst ist sie unvollständig.[14]
2. *Objekt (Gegenstand) einer Wertung* ist die Gesamtheit der „Objekte, denen man Werte zuschreibt, oder es sind diejenigen Objekte, deren Werte verglichen werden. Mit anderen Worten, Gegenstand einer Wertung ist der zu bewertende Gegenstand."[15] Solche „Gegenstände" (Ob-

---

[13] Iwin, A. A., (1975): Grundlagen der Logik von Wertungen. Berlin Akademie Verlag; vgl. auch das immer noch lesenswerte Werk von Hartmann, R. S. (1967): The Structure of Values: Foundations of Scientific Axiology. Carbondale, Edwardsville, London.

[14] Iwin, A.A. ebenda, S. 42 f.

[15] Ebenda, S. 43 f.

jekte) können physische und geistige Dinge, Eigenschaften, Relationen, Prozesse sein. Auch Handlungen, Motivationen und Emotionen, Entscheidungen und auch andere Wertungen können selbst zum Gegenstand von Wertungen werden.
3. *Grundlage einer Wertung* ist „das, von dessen Standpunkt aus die Wertung vollzogen wird".[16] Iwin fasst hierunter alles, was das Subjekt zur Wertung veranlasst. Das können Erkenntnisse und Erfahrungen des Subjekts sein. Auch Fakten, wissenschaftliche Ergebnisse und Theorien, wobei schon hier oft „alternative Fakten" untergemischt sind. Zu den Grundlagen gehören aber auch Weltanschauungen, Ideologien, Glaubensformen, Visionen, Kulte und dergleichen. Grundlagen sind ferner reale und fiktive, bewusste und unbewusste Bedürfnisse und Interessen des Subjekts. Auch Emotionen, Motivationen, Normen und Ideale zählen zu diesen Grundlagen. Hinter ihnen können sich verinnerlichte soziale Wertungen verbergen. So ist es im Eingangsbeispiel mit den ethischen Wertungen. Im Verinnerlichungsprozess des Individuums werden fremde Wertungen, Normen und Ideale dann zu etwas Eigenem des Subjekts der Wertung. Sie werden bei Wertungen zugrunde gelegt.
4. Der *Maßstab einer Wertung* erfasst, welchen Maßstab das Subjekt an die eigenen Wertungen legt. Ob es sich klassifizierend in absoluten Wertungen ergeht und nur gut, schlecht, indifferent kennt. Oder ob es vergleichendes, komparatives Werten, besser, schlechter, gleichwertig bevorzugt. Oder ob es sogar versucht, den Maßstab des Wertens mit Maßangaben, etwa in Form eines Ratings zu gestalten.

---

[16] Ebenda, S. 49.

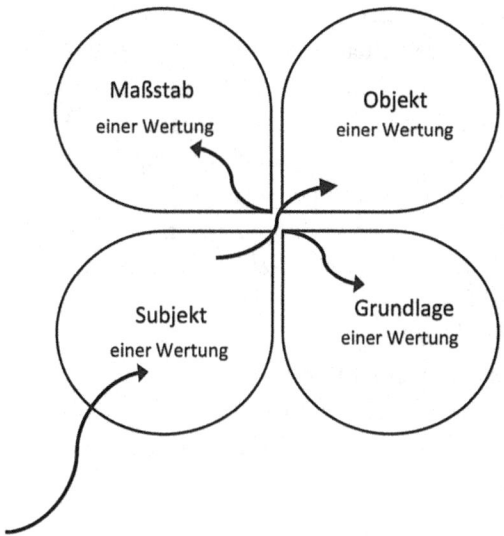

Abb. 1 Das Wertekleeblatt

Das so entworfene „Wertekleeblatt" (Abb. 1) mag als Ausgangspunkt weiterer Überlegungen dienen.

Es ist einfach, wie sich das für ein Kleeblatt gehört. Es ist gar nicht so einfach, wenn man das ganze Drumherum bedenkt.

Das Kleeblatt symbolisiert zunächst den *Vorgang*, den Prozess des Wertens selbst. Es symbolisiert aber zugleich das *Ergebnis*, das Resultat des Wertens: die Wertung, den Wert.

Jeder Wert umfasst, genauer nachgeforscht, stets das gesamte Kleeblatt. Wenn ein Mensch – als *Subjekt* der Wertung – feststellt, er liebe die Natur, finde sie wunderbar, so behauptet er nichts anderes, als dass er in verschiedensten Situationen verschiedenste Erscheinungsformen der Natur, Wald und Heide, Gebirge und Meer, Sonnenaufgang und Sonnenuntergang als *Objekte* erlebt und genossen hat und deshalb „die Natur", auf der *Grundlage* seiner verschiedenen

Erlebnisse und Erfahrungen, am *Maßstab* vergleichbarer anderer Umweltsituationen immer wieder wunderbar fand. Für ihn ist die Natur deshalb ein Wert. „Ich liebe die Natur", wird er nicht müde zu behaupten. Ob er das auch sagen würde, wenn man ihn einen Tag und eine Nacht im brasilianischen Dschungel aussetzte?

Wertungsvorgänge und ihre Ergebnisse, die Wertungen, die Werte, weisen also grundsätzlich die Struktur Wertesubjekt-Werteobjekt-Wertegrundlage-Wertemaßstab auf. Dieses „Wertekleeblatt" liegt allen Wertungen zugrunde, obwohl in der praktischen Kommunikation oft Teile der Struktur weggelassen werden oder die ganze Wertung zu einer einzigen Wertezuschreibung zusammenschrumpft: Die Natur ist wunderbar …

Die Objekte von Wertungen

Alles lässt sich bewerten. Alles Wirkliche und Unwirkliche lässt sich zum Objekt von Wertungen machen. Dinge, Eigenschaften, Relationen. Natürliche und gesellschaftliche Zusammenhänge und Verhältnisse. Gewissheiten und Ängste. Visionen, Fantasien und Phantasmen. Religionen und Ideologien. Alle Wertungsvorgänge und Wertungsergebnisse, alle Werte können selbst zu Objekten von Wertungen werden: „Das ist eine unsittliche Moralanschauung", „das ist ein gefährlicher Nationalismus", „das ist eine absurde Vorstellung von individueller Freiheit". Es kommt zu Wertungen von Wertungen von Wertungen und so fort. Alle Subjekte von Wertungen – Individuen, Gruppen, Teams, Unternehmen, Organisationen, Verbände, Schichten, Klassen, Völker, Nationen, Staaten, Gesellschaften und so weiter – können ihrerseits auch zu Objekten von Wertungen werden. Ebenso ihre individuellen und sozialen Emotionen und Motivationen.

Es kommt damit zu einer bedenkenswerten Asymmetrie. *Alle* Wertesubjekte und ihre Hervorbringungen können selbst zu Werteobjekten werden. Jedes Wertesubjekt kann potenziell jedes andere Wertesubjekt werten. Der Einzelne den Staat, der Staat, wenn ihm daran gelegen ist, jeden Einzelnen.

Aber der Bereich von Werteobjekten ist beträchtlich größer. Er umfasst auch die Bereiche Physik, Chemie und Biologie, sofern man aus letzterem alle Organismen ausklammert, die zumindest elementar fähig sind zu werten. „Zwei Dinge erfüllen das Gemüt mit immer neuer und zunehmender Bewunderung und Ehrfurcht, je öfter und anhaltender sich das Nachdenken damit beschäftigt: der bestirnte Himmel über mir und das moralische Gesetz in mir", erklärte Immanuel Kant[17] und wertete damit, bewundernd und ehrfürchtig, die Werteobjekte Sternenhimmel und Moralgesetz, eine Naturgegebenheit und eine Subjektgegebenheit gleichermaßen. Dadurch, dass potenziell jedes einzelne Wertesubjekt auch alle anderen Wertesubjekte und ihre Hervorbringungen einschließlich sich selbst werten kann, potenziert sich schon deshalb die Menge möglicher Wertungen.[18] Hinzu kommt eine andere Einsicht. Nehmen wir an, die – unendliche – Menge des zu einem historischen Zeitpunkt global vorhandenen Wissens ließe sich überschläglich bestimmen. Da sich jedes Element dieses Wissens potenziell unendlich oft und vielfältig werten lässt, ist die Mächtigkeit der Menge dieser Wertungen

---

[17] Kant, I. (1977): Werke in zwölf Bänden. Band 7 (Kritik der praktischen Vernunft), Frankfurt am Main. Suhrkamp Verlag. S. 300.
[18] Könnte man – rein hypothetisch – die Menge aller wertenden Aussagen W_A über alle mögliche Objekte der Wertung W_O erfassen, wäre sie größer als W_A Fakultät (WA!), weil alle „wertefreien" physikalischen, chemischen und biologischen Werteobjekte einschließlich allen „wertefreien" Sach- und Fachwissens hinzuträten.

eine Potenzmenge von höherer Mächtigkeit als die Menge des Wissens selbst.[19]

Die Menge möglicher Subjekte der Wertung plus die Menge des wertfreien aber wertbaren Weltwissens bildet also die hypothetische Menge möglicher Objekte der Wertung. Alles, was erkennbar ist, ist auch bewertbar. Alles, was nicht erkennbar ist, ist ebenfalls bewertbar. Werte haben eine größere Mächtigkeit als Wissen. Alles ist bewertbar.

Die Subjekte von Wertungen

Wertesubjekte können *auf allen sozialen Strukturebenen* auftreten. Ich nannte bereits: Individuen, Gruppen, Teams, Unternehmen, Organisationen, Verbände, Schichten, Klassen, Völker, Nationen, Staaten, Gesellschaften und so weiter. Jedes dieser Wertesubjekte kann Objekte des eigenen und aller anderen Strukturniveaus bewerten. Der einzelne Mensch kann sich selbst, seine Mitmenschen, seine Vereinsgruppe, sein Arbeitsteam, das Unternehmen in dem er arbeitet, die Organisation für die er tätig ist, aber auch sein Volk, seine Nation, seine Gesellschaft, seinen Staat und all ihre vielfältigen Hervorbringungen, Verflechtungen und Zusammenhänge bewerten. Das doppelte Auftreten sozialer Strukturniveaus – einmal als Subjekte, einmal als Objekte der Wertung – gilt für alle Werte: Genusswerte, Nutzenwerte, ethisch-moralische Werte, sozial-weltanschaulich-politische Werte. Es gilt für religiöse, künstlerische, juristische Werte. Im Gemisch selbstorganisierter sozialer Entwicklungen und historischer Überzeugungen braut sich eine unendliche Menge von

---

[19] Erpenbeck, J., Sauter, W. (2020): Die Wertegesellschaft. Formen-Folgerungen-Fragen. Heidelberg Springer Verlag. S. 66.

Werten zusammen, zumeist namenlos, in bereits benannte Strukturfächer nur oberflächlich einzuordnen.

Ich bleibe einmal illustrierend bei dem bereits erwähnten Wert *Mut*. Subjekt der Wertung sei eine individuelle Person, Du oder ich. Objekt der Wertung sind ein Feuerwehrmann und ein Terrorist und ihr Handeln. Den Wert Mut schreiben wir beiden zu. Dem amerikanischen Feuerwehrmann Tim Brown,[20] der bei 9/11 hunderte Personen aus den zusammenstürzenden Twin-Tower-Türmen des World Trade Center rettete. Dem Terroristen Mohammed Atta, dem 30-jährigen Selbstmordpiloten, der hunderte von Menschen mit in den Tod riss. Wir werden beiden Objekten unserer Wertung den Mut nicht absprechen. Doch je nach unserer Leiderfahrung, unserer Einschätzung des Nutzens und der Sinnhaftigkeit der Handlungen, nach unseren ethisch-moralischen Überzeugungen und vor allem unseren sozial-weltanschaulich-politischen Standpunkten werden wir beide vollkommen gegenläufig bewerten. Hier kommen sofort und unübergehbar die Grundlagen unserer Wertungen ins Spiel, und auch die Maßstäbe sind davon nicht unabhängig, denn sie sie sind ein Kennzeichen, für wie wichtig wir unsere Wertung halten.

Die Erde wird bald von 10 Mrd. Menschen bevölkert sein.[21] *Das sind 10 Mrd. individuelle Subjekte der Wertung. Alle Beziehungen, die sie eingehen können, von Ehe und Freundschaften bis zu den vorgenannten sozialen Strukturebenen an denen sie beteiligt sein können, bilden wiederum eigene Subjekte der Wertung. Eine ganz schöne Menge ... Aber immer*

---

[20] Tim Brown rettete hunderte Menschen aus dem World Trade Center, überlebte die Anschläge am 11. September selbst nur knapp. Heute führt der Feuerwehrmann ein Leben gegen das Vergessen und setzt sich für die Angehörigen ein. 9/11: Feuerwehrmann Tim Brown verlor 93 Freunde am 11. September | STERN.de (aufgenommen am 06.10.2022).

[21] Emott, S. (erw. Neuausgabe 2020): Zehn Milliarden: Das Ausmaß der Klimakrise. Frankfurt am Main Suhrkamp Taschenbuch Verlag.

noch weniger als die Menge aller Objekte der Wertung. Und viel weniger, als die Menge aller möglichen Wertungen. Willkommen im Hexenkessel der Werte!

Die Grundlagen von Wertungen

Das Mut-Beispiel zeigt eindringlich, wie wichtig es ist, die Grundlagen von Wertungen, „das, von dessen Standpunkt aus die Wertung vollzogen wird" zu verstehen. Wir müssen sie nicht billigen, wir können sie scharf ablehnen und verurteilen – etwa wenn es sich nach menschlichem Ermessen um verrückte, ja verbrecherische Grundlagen handelt – aber wir müssen sie verstehen, um die Wertungen selbst zu begreifen.

Vor allem wenn wir vorhandene Wertungen stark unterstützen oder aber sie in Frage stellen, verändern, bekämpfen wollen, müssen wir uns mit ihren *Grundlagen* beschäftigen. Den Blick auf andere *Objekte* der Wertung abzulenken ist schwierig und oft nicht einmal angebracht. Die *Subjekte* der Wertung lassen sich vor allem bei umfangreicheren sozialen Subjekten – Wählern, Parteien, Bewegungen, Gläubigen – natürlich mengenmäßig ändern, indem man andere, weitere Menschen hinzugewinnt oder herauswirft. Einstellungs- und Überzeugungsänderungen vollziehen sich allerdings vor allem an und im Individuum. Deshalb ist ein solides Wertetraining eine wichtige Zukunftsanforderung.[22]

Der folgenreichste Irrtum, die Grundlagen von Wertungen betreffend ist, sie auf Fakten[23] und Wissen zu reduzieren. Es führt zu einer Katastrophe, wenn Wissensweitergabe an die Stelle von Kompetenz- und Werteentwicklung

---

[22] Erpenbeck, J., Sauter, W. (2022): Wertetraining. Praxis, Coaching, Übung und Bildung für die gezielte Werteentwicklung von Persönlichkeiten. Stuttgart Schäffer und Poeschel Verlag.

[23] Arnold, R. (2018): Ach die Fakten! Wider den Aufstand des schwachen Denkens. Heidelberg Carl Auer Verlag.

tritt.[24] Eine illustrative Bestätigung dafür bietet der Bericht des Beauftragten der Bundesregierung für Ostdeutschland von 2022: „Ostdeutschland. Ein neuer Blick."[25] Nach über 30 Jahren Vereinigung der Deutschen Demokratischen Republik mit der Bundesrepublik Deutschland haben sich viele objektive Lebens- und Wirtschaftsbedingungen angeglichen. Dennoch ist insgesamt „der Anteil der im weiteren Sinne Politikfernen sehr hoch und hat gegenüber 2020 weiter zugenommen: Der Anteil der ‚verdrossenen Populisten' sowie der ‚angepassten Skeptiker' hat in ganz Deutschland von etwa 40 % im Jahr 2020 auf inzwischen 52 % zugenommen. In den ost- deutschen Bundesländern einschließlich Berlin (Ostteil) ist er von 46 % auf jetzt 61 % gestiegen".[26] Dies birgt ein ernstzunehmendes Konfliktpotenzial. Es darf nicht außer Betracht gelassen werden, dass sich „im Osten immer noch 41 % (2020: 45 %) aller Befragten einen „starken Staat" wünschen und 21 % die Demokratie als Regierungsform eher ablehnen".[27]

Es sind neben unterschiedlichen Lebensverhältnissen vor allem „[…] psycho-soziale Dispositionen, die letztlich bestimmen, wie mit der eigenen Politikverdrossenheit beziehungsweise der Ernüchterung umgegangen wird". In der aktuellen Kriegs- und Krisensituation ist die Politik kommunikativ stark gefordert und „ihr Erfolg wird umso größer sein, je mehr es dabei gelingt, derzeit politisch Enttäuschte anzusprechen und zu überzeugen, die sozioökonomischen Unterschiede und die Differenzen der politischen Einstellungen […] zu verringern".[28]

---

[24] Erpenbeck, J., Sauter, W. (2. Aufl. 2019): Stoppt die Kompetenzkatastrophe! Heidelberg Springer Verlag.
[25] Der Beauftragte der Bundesrepublik für Ostdeutschland (Carsten Schneider) (2022): Bericht 2022 Ostdeutschland. Ein neuer Blick. Berlin Publikationen der Bundesregierung.
[26] Ebenda, S. 100.
[27] Ebenda, S. 101.
[28] Ebenda, S. 116.

Politikferne, Verdrossenheit, Ernüchterung, Enttäuschung sind Indikatoren von Wertehaltungen. Sie sind durch Wissenskommunikation und noch so viele zutreffende Fakten und Erfolgsziffern nicht zu ändern. Da helfen keine Weiterbildungsveranstaltungen und Seminare. Zurecht wird deshalb auf psycho-soziale Dispositionen und Dispositionsveränderungen gesetzt. *Überzeugungsarbeit* wird zu einem vorrangigen Anliegen politischer Kommunikation. Überzeugen heißt aber nicht nur, nicht einmal in erster Linie, zutreffende Fakten und schlüssige Folgerungen zu präsentieren. Überzeugen heißt Wertehaltungen zu beeinflussen, Werte wirkungsvoll weiterzugeben. Der Abstand zwischen Überzeugung und Manipulation ist dabei oft gering, was aber nicht dazu führen darf, Demagogen die Arena politischer Beeinflussung zu überlassen. Einem „Rechtsruck" kann man nur beggenen, indem man neben sachlichen Argumenten Wertehaltungen und Werteveränderungen bis in die tiefenpsychologischen Wurzeln hinein berücksichtigt.[29]

Völlig außer Acht gelassen habe ich bisher das Kommunikationsmedium Sprache. Sie ist zweifellos eine der wichtigsten Grundlagen von Wertungen. Von ihrem Standpunkt aus werden Wertung vollzogen und kommuniziert. Wir äußern Wertungen in Wertungssätzen, in „Werturteilen": Dies oder jenes ist schön, genussreich, nützlich, fortschrittlich. Wir können Wertungen mithilfe unseres Sprechverhaltens – Tonfall, Sprechtempo, Betonungen – ausdrücken. Wir sagen „Oh", „Ah", „Ach", „Nie", „Verdammt", „Oh Gott", nutzen Wertungswörter, beispielsweise wohlschmeckend, genussreich; nützlich, brauchbar; edel, hilfreich; fortschrittlich, progressiv, benutzen Worte, die uns nie kalt lassen und ihre Wertung in sich tragen, bei-

---

[29] Peglau, A. (2022): Rechtsruck im 21. Jahrhundert: Wilhelm Reichs Massenpsychologie des Faschismus als Erklärungsansatz. Berlin Nora Verlag.

spielsweise: „Freiheit", „Gleichheit" oder „Faschismus", „Mord", wir setzen wertehaltige Sprachveränderungen ein, beispielsweise Vor- und Nachsilben – Un-Mensch, Ge-Schreibe, Singe-rei, Dichter-ling. Wir benutzen stilistische Mittel wie Ironie, Satire, Metapher, Anspielung, Gleichnis, Unter- und Übertreibung und so fort.[30]

Auch andere Medien gehören zu den Grundlagen von Wertungen, sofern sich durch sie Wertungen vollziehen und kommunizieren lassen, beispielsweise Mimik, Gestik, Körperberührung oder symbolhaft wertungstragende Gegenstände oder Zeremonien, weiterhin Kleidung, Haartracht, Kosmetik. Im politischen Bereich Fahnen oder Bilder auf Parteitagen, Krone und Zepter, die bei der Inthronisation neuer Könige übergeben werden. Hinzu kommt die Inszenierung räumlicher oder zeitlicher Wertungssymbole: die erhöhte Tribüne, die große Distanz zwischen Redenden und Zuhörenden, der zentrale Ort eines Redners, räumliche und zeitliche protokollarische Festlegungen und Vieles mehr.

Ohne ein wirkliches Verständnis der Grundlagen von Wertungen, der Bedingungen, von denen aus diese Wertungen vollzogen werden, lassen sich Werte überhaupt nicht verstehen. Dabei geht es nicht nur um die historisch-sachlichen, ökonomischen und politischen Umstände. Es geht vor allem um die Werte, die zu einem historischen Zeitpunkt in Geltung waren, denen Menschen vertrauten – oft bis in den Tod. Männer ziehen nicht aus freien Stücken in den Krieg, sondern folgen der Angst vor Repressionen oder aber der Überzeugungskraft von Wertungen. „Ceterum censeo Carthaginem delendam esse" – im Übrigen bin ich der Meinung, dass Karthago zerstört werden muss, mit diesen Worten hetzte Marcus Porcius Cato (234–149 v. Chr.)

---

[30] Erpenbeck, J. (3. überarb. erw. Aufl. 2015): Was kann Kunst. Gedanken zu einem Sündenfall. Mit einem Beitrag von Schober, R. Leipzig Max Stirner Archiv.

in jeder Senatssitzung seine Mitbürger zum dritten Punischen Krieg, brennend von tödlichem Hass gegen Karthago und bekümmert um die Sicherheit seiner Enkel.[31] Und die Männer folgten ihm.

Zu jedem historischen Zeitpunkt waren Mythen, Glaubensvorstellungen, kulturelle Gebote und Verbote, Tabus, Gebräuche, sittliche Normen und politische Überzeugungen in Geltung, die über kurz oder lang als ungültig angesehen und entfernt wurden. Sie alle dienten als Grundlage von Wertungen. Wollen wir verstehen, wie Werte selbst zu Grundlagen weiteren menschlichen Wertens werden, müssen wir den Vorgang der Aneignung, der Interiorisation von Werten genauer verstehen. Diesem wichtigen Schritt I ist ein späteres Kapitel gewidmet.

Geschichtswissenschaft ist großenteils Wertewissenschaft.[32] *Kulturwissenschaft ist großenteils Wertewissenschaft.*[33] *Die Geschichte aller bisherigen Gesellschaft ist maßgeblich die Geschichte von Wertekonflikten zwischen Klassen, Kulturen, Identitäten. Jede Revolution ist durch Werteumbrüche gekennzeichnet. Werte sind Lokomotiven der Geschichte.*

Die Maßstäbe von Wertungen

Die Maßstäbe von Wertungen hängen davon ab, ob beim Werten eher klassifikatorische, komparative (vergleichende) oder metrische (gemessene) Wertungen bevorzugt werden. Sie beziehen sich oft auf den Charakter der Wertungsobjekte, ob Sachverhalte oder Menschenverhältnisse be-

---

[31] Plinius, naturalis historia 15, 74–75, Übersetzung Roderig König, zit. nach: https://parerga.hypotheses.org/1548 (aufgenommen 07.10.2022).
[32] Dilthey, W., Riedel, M. (8. Aufl. 1981): Der Aufbau der geschichtlichen Welt in den Geisteswissenschaften. Frankfurt am Main Suhrkamp Verlag.
[33] Weber, M. (1988): Gesammelte Aufsätze zur Wissenschaftslehre. Tübingen UTB. S. 175, S. 180: „Der Begriff der Kultur ist ein Wertbegriff".

wertet werden, und auf die Grundlagen von Wertungen, ob eher nüchterne Fachergebnisse oder ideologische Fantasien zugrunde gelegt werden. Die Maßstäbe stellen aber ein wichtiges eigenes Blatt innerhalb des Wertekleeblatts dar. Denn auch der Verfechter einer fragwürdigen Ideologie kann sich als Grundlage seiner Wertungen aus dem Arsenal sozialpolitischer und ökonomischer Fakten solche heraussuchen, die „beweisen", wie sehr er im Recht und wie sehr seine Gegner im Unrecht sind.

Sind die zu wertenden Dinge, Eigenschaften, Relationen und Prozesse wissenschaftlich zu erfassen, werden meist metrische Wertungen bevorzugt, die zugleich komparative Aussagen gestatten. Die Wärmedämmung einer Isolierung, die Helligkeit einer Lampe, die Härte eines Bohrers lassen sich physikalisch messen und für verschiedene Objekte vergleichen. Bei politischen und weltanschaulichen Sachverhalten wird viel eher verabsolutierend klassifikatorisch nach gut oder schlecht eingeschätzt oder komparativ nach alles besser oder alles schlechter verglichen. Hinzu kommt: Ist man sich seiner Erfahrungen und Gefühle sicher, wird man eher verabsolutierend werten, liegen sehr unterschiedliche wissenschaftliche Erkenntnisse und Lebenserfahrungen der Wertung zugrunde, wird man eher einen metrisierenden Maßstab bevorzugen.

Die wichtigsten Methoden, subjektive Wertungen zu metrisieren, sind *Ratingverfahren*.[34] Ich schließe mich im Folgenden eng an die richtungsweisende Arbeit von Inghard Langer und Friedemann Schulz von Thun zur Messung komplexer Merkmale in Psychologie und Pädagogik

---

[34] Stemmler, G., Hagemann, D., Amelang, M., Spinath, F. (2016): Differentielle Psychologie und Persönlichkeitsforschung. Stuttgart Kohlhammer Verlag. S. 51 f.; A.K. Krüger (2022): Soziologie des Wertens und Bewertens. Bielefeld UTB.

an.³⁵ Ausgangspunkt ist eine ziemlich simple, aber Werte ganz direkt betreffende Beobachtung: „Vieles auf der Welt hinterlässt seine Spuren in der Wahrnehmung und im Erleben von Menschen. Ein *strenger* Vater, ein *schwer verständlicher* Text, ein *lautes* Hotelzimmer im Urlaub, ein *freundlicher* Beamter am Schalter, ein *selbstständiges* Kind. Bei den kursiv gedruckten Begriffen handelt es sich um [wertende, Anm. J.E.] Merkmale [...] Sie können mehr oder weniger stark ausgeprägt sein, und sie können ein Hinweis auf weiter reichende Zusammenhänge sein. Man kann die Ausprägung der Merkmale durch Einschätzungen, Einstufungen oder Beurteilungen festhalten."³⁶ Wir sprechen dann allgemein von Ratingverfahren.³⁷

Ratingverfahren nutzen die Fähigkeit des menschlichen Gehirns zur *Indikatorenverschmelzung*, „zur automatischen Integration einer Vielzahl von Einzelindikatoren, die sich in ihrer Wirkung in einer fast unentwirrbaren Weise verstärken, aufheben oder sonst wie in Wechselwirkung treten".³⁸ Wir „raten" uns durchs Leben, und darin spielen meist keine einzelnen wertenden Indikatoren eine Rolle, sondern sie werden zu einer Wertung, zu einer Erfahrung verschmolzen. Ganz deutlich wird das beispielsweise bei komplexen Merkmalen in Psychologie und Pädagogik, etwa bei Selbstsicherheit, Kooperationsfähigkeit, Solidarität, Kontaktbereitschaft, Selbstdisziplin oder Kreativität. Sie können alle als Werte aufgefasst und geratet werden. Es fällt uns in der Regel nicht allzu schwer, die Selbstsicherheit, die Kooperationsfähigkeit, die Selbstdisziplin, die Kreativität einer Person als recht niedrig oder sehr hoch ein-

---

[35] Langer, I., Schulz von Thun, F. (2007): Messung komplexer Merkmale in Psychologie und Pädagogik. Ratingverfahren. Münster, New York, München, Berlin Waxmann Verlag.
[36] Ebenda, S. 9.
[37] Oelrich, A. (2005): Robuste Ratingverfahren: Zur Steigerung der Prognosequalität quantitativer Ratingverfahren. Wiesbaden Deutscher Universitätsverlag.
[38] Langer, I., Schulz von Thun, F., ebenda, S. 20.

zuschätzen. Tests für diese Merkmale zu entwickeln würde, falls überhaupt möglich, einen enorm hohen Aufwand erfordern. In einer Welt zwischen Selbstorganisation und Chaos, die der Werte als Ordner des Handelns bedarf, sind *Ratingverfahren die Methoden der Wahl.*

Für Ratingverfahren lassen sich spezifische Gütekriterien festlegen.[39] Ratingverfahren wurden anfangs und werden immer noch und immer mal wieder als unwissenschaftlich abgetan. „Die ‚weitverbreitete Skepsis und Ablehnung' gegen diese Art zu messen gründet sich im Wesentlichen auf die Subjektivität und Undifferenziertheit des Verfahrens und der damit verbundenen angeblichen geringen Zuverlässigkeit (Reliabilität) und Gültigkeit (Validität). Wir wollen uns jetzt mit diesen Einwänden auseinandersetzen."[40] Diese Auseinandersetzung erweist, dass keine anderen psychologisch-soziologisch-pädagogischen Messverfahren der Erlebnisrealität von Menschen so nahekommen wie Ratingverfahren.[41]

Ratingverfahren liegen fast allen Messverfahren von Werten zugrunde. Auch das klassische Methodenbuch von Jürgen Bortz und Nicola Döring stellt fest: „*Ratingskalen zählen zu den in den Sozialwissenschaften am häufigsten verwendeten, aber auch umstrittensten Erhebungsinstrumenten [...] Die Industrie verwendet Ratings zur Bewertung von Arbeitsplätzen oder zur Personalauslese, Lehrer bewerten und benoten die Leistungen ihrer Schüler, Ärzte und Psychologen stufen das Verhalten psychisch Erkrankter ein; die Liste der Beispiele ließe sich mühelos verlängern.*"[42]

---

[39] Ebenda, S. 180 ff.
[40] Ebenda, S. 16.
[41] Ebenda, S. 62–101.
[42] Bortz, J., Döring, N. (4. Aufl. 2006): Forschungsmethoden und Evaluation für Human- und Sozialwissenschaftler. Heidelberg, Springer Verlag; vgl. auch Praetorius, A.-K. (2014): Messung von Unterrichtsqualität durch Ratings. Münster, New York Waxmann Verlag; Strauß, B., Schumacher, J., (Hrsg.)(2005): Klinische Interviews und Ratingskalen. Göttingen, Bern, Toronto Hogrefe Verlag.

Das Werteherbarium

Ausnahmslos jeder Wert lässt sich durch Angabe der ihn betreffenden Objekte, Subjekte, Grundlagen und Maßstäbe der Wertung charakterisieren. Um allgemeinere Wertevorstellungen zu gewinnen, gar um Systeme von wenigen grundlegenden Werten herauszudestillieren, bedarf es unzähliger Mittelungen.

Wir sehen uns einer unendlichen Fülle von Wertungen gegenüber. *Alle sprachlich gefassten Empfindungen, Gefühle, Wünsche, Vermutungen, Zweifel, Befürchtungen, Hoffnungen, Bedürfnisse, Interessen, Einstellungen, Meinungen, Haltungen, Ansichten, Überzeugungen, Vorurteile, Ablehnungen und so weiter sind oder enthalten Wertungsergebnisse* von Subjekten der Wertung der unterschiedlichen bereits genannten Strukturebenen – Individuen, Gruppen, Teams, Unternehmen, Organisationen, Verbände, Schichten, Klassen, Völker, Nationen, Staaten, Gesellschaften und so weiter. Alle diese Werte können sich zudem auf Wertungen von Genuss (hedonistische Werte), Nützlichkeit (utilitaristische Werte), Moral (ethisch-moralische Werte), Politik (sozialweltanschaulich-politische Werte), Schönheit (ästhetische Werte), Recht (juristische Werte), Glauben (religiöse Werte) beziehen.

Stellen wir uns jede einzelne Wertung als ein „Wertekleeblatt" vor und alle Blätter in ein Werteherbarium geheftet.[43] Ein Herbarium mit unendlich vielen Blättern. Dabei bleiben wir aber nicht. Wir versuchen, eine Ordnung in das Wirrwarr zu bringen, Wichtiges zu behalten, weniger Wichtiges fortzulegen. Wir versuchen viele Blätter in we-

---

[43] Das ist eine systematisch angelegte Sammlung gepresster und getrockneter Pflanzen, die auf Papierbogen geklebt und in Mappen zusammengefasst werden. https://www.dwds.de/wb/Herbarium (10.10.2022).

nige Werteordner zu heften. Beispielsweise in den Ordner *Mut*.

Wir beziehen zunächst den Wert Mut auf einzelne Menschen als *Objekte der Wertung*. Wie gehen wir, als *Subjekte der Wertung*, vor? Wir suchen unter den Zeitgenossen, aber auch in der Vergangenheit Menschen, die wir und mit uns die meisten Mitmenschen für mutig halten. Von Tim Brown bis zu Reinhold Messner. Wir versuchen die Situationen zu charakterisieren, in denen sie Mut bewiesen haben. Die Katastrophensituation, die Einsamkeit am Berg. Wir versuchen die sachlichen *Grundlagen* des Muts einzubeziehen, die Feuerwehrausbildung, die Bergsteigererfahrung, aber auch die geistig-weltanschaulichen Grundlagen, in beiden Fällen vielleicht Gottvertrauen und biografische Prägungen. Wir werten vergleichend ihren Mut am *Maßstab* anderer Katastrophenbezwinger und Gipfelstürmer. Wir legen die so umrissenen „Kleeblätter" übereinander und halten sie gegen das Licht der Verallgemeinerung, entdecken Gemeinsamkeiten und Unterschiede. Wir sammeln weitere „Kleeblätter" mutiger Menschen im Mut-Herbarium, legen auch sie verallgemeinernd übereinander. Finden so charakteristische Situationen, die objektiv Mut erfordern, ähnliche Eigenheiten mutiger Subjekte, ähnliche sachliche und geistig-weltanschauliche Grundeinstellungen der Mutigen. Und wir trauen uns letztlich zu, den Mut von Tim Brown ermessend, vergleichend noch höher zu werten als den von Reinhold Messner.

Lexikalisch fließen alle solche Überlegungen in einer verallgemeinernden Definition zusammen: „*Mut* (althochdeutsch *muot* für Gemüt[szustand], Leidenschaft, Entschlossenheit, Mut), über der Norm liegender Einsatz zur Überwindung drohender Gefahr, kann sich in aktivem oder defensivem Verhalten äußern. Tapferkeit dagegen bezeichnet eher die Unerschrockenheit und Stärke im Bestehen von Gefahren. Sowohl Mut als auch Tapferkeit erfordern oft ein Überwinden von Angst oder Furcht. Der Mut erwächst auf dem Grund natürlichen Selbstvertrauens, Kraft- und Wertgefühls, auch Machtgefühls oder Geltungsbedürfnisses, aber auch einer Notsituation (Mut der Verzweiflung). Nach der Art der zu bestehenden Gefahr unterscheidet man den Mut, der Leben oder ernstliche Verletzung wagt, von dem, der im Dienst von Überzeugungen und Idealen eigene wirtschaftliche oder gesellschaftliche Nachteile riskiert (Zivilcourage)."[44] Unschwer finden sich in dieser Definition Objekt, Subjekt, Grundlagen und Maßstäbe der Wertung „Mut" wieder.

In dieser Definition ist noch nicht berücksichtigt, dass es auch einen *Mut kollektiver Subjekte* gibt. Ein Unternehmen erobert mutig neue Märkte. Eine Klasse erobert mutig die politische Macht. Ein kleiner Staat trotzt mutig der Übermacht eines größeren, auch wenn das Blut, Schweiß und Tränen kostet. Für jedes dieser Subjekte können wir wieder fragen: Was sind die *bewerteten Objekte* seines mutigen Handelns – Unternehmensstrukturen, Klassenverhältnisse, politische Konstellationen –, und nach welchen *Maßstäben* – des Marktes, der Parteienlandschaft, der internationalen Beziehungen – bemisst sich der Mut?

In ähnlicher Weise, wie ich es hier für den Wert Mut getan habe, lassen sich die „Kleeblätter" für wichtige, ausgesuchte Werte verallgemeinernd übereinander legen. Das gilt für die im vorigen Kapitel angegebenen Werte der Sauer-Enzyklopädie, die existenziellen Werte von Rokeach wie auch unsere Schlüsselwerte gleichermaßen. In unserer Arbeit zum Wertetraining haben wir für alle 16 dort zusammengefassten Schlüsselwerte verallgemeinernde Definitionen angegeben. Man kann diese Werte zudem den vier

---

[44] Definition Mut, in Enzyklopädie – Brockhaus.de: https://brockhaus.de/ecs/enzy/article/mut-20 (aufgenommen am 20.11.2022).

Grundwerten – Genusswerten, Nutzenwerten, ethisch-moralischen, sozial-weltanschaulich-politischen Werten – zuordnen.

Viele überlieferte Systeme bündeln Werte in Wertehierarchien – manchmal, um den religiösen Werten die höchste Stufe gegenüber allen anderen Werten zuzuschreiben. So postuliert Max Scheler eine Rangordnung reiner Wertpersontypen: Typ des Heiligen, Typ des Genius, Typ des Helden, Typ des führenden Geistes, Typ des Künstlers des Genusses.[45] Eduard Spranger arbeitet eine Hierarchie idealer Grundtypen der Individualität heraus: Der religiöse Mensch, der ästhetische Mensch, der Machtmensch, der theoretische Mensch, der ökonomische Mensch, der soziale Mensch.[46] Heinrich Rickert ordnet seine Gliederung des Systems der Werte in: Wahrheit, Schönheit, unpersönlich-mystische Heiligkeit, Sittlichkeit, Glück, persönliche Heiligkeit, Liebe, allseitige Weltanschauung.[47]

Es gibt bis heute keine allgemein akzeptierte Wertehierarchie. Es kann sie meines Erachtens auch nicht geben, wie ich im Kapitel des Wertevergleichs V zeigen will, weil zumindest die Grundwerte prinzipiell unvergleichbar, „inkommensurabel", sind.

Die Frage nach der Struktur von Werten führt also über die Definitionsproblematik weit hinaus. Hatten wir im vorigen Kap. D einige Antworten auf die Frage erhalten, was Werte überhaupt sind, wie man sie generell fassen kann, haben wir uns in diesem Kapitel einer tieferen Charakterisierung genähert, indem wir nach den verschiedenen Struk-

---

[45] Scheler, M. (2008): Der Formalismus in der Ethik und die materiale Wertethik: Neuer Versuch zur Grundlegung eines ethischen Personalismus. Bouvier Verlag Bonn.
[46] Spranger, E. (1921): Lebensformen. Geisteswissenschaftliche Psychologie und Ethik der Persönlichkeit, Verlag von Max Niemeyer Halle.
[47] Rickert, H. (1921): Allgemeine Grundlegung der Philosophie. Tübingen Verlag von J.C.B. Mohr. Beiblatt.

turen **S** und Strukturelementen von Werten fragten. Das ermöglichte, unterschiedliche Grundwerte, Schlüsselwerte, Wertearten und Wertegruppen zu unterscheiden und zu verstehen, wie sich umfassendere Werte aus einer Fülle individueller Wertungen herausbilden.

Werte sind im Gegensatz zu wissenschaftlichen Ergebnissen oder Sachverhaltsfeststellungen nicht wahr oder falsch. Aber warum sind wir von einigen Werten überzeugt und lehnen andere vehement ab? Warum bejahen wir Freiheit und Demokratie und verabscheuen Unfreiheit und Diktatur? Warum befremden uns urzeitliche Menschenopferrituale, aber gleichzeitig bewundern wir Menschen, die im Kampf für die Freiheit ihr Leben ließen?

Heinrich Rickert war es, der den Begriff der Geltung von Werten **G** *in die Werteforschung einbrachte und damit ein weiteres Fundamentalproblem erschloss. Dem will ich mich nun zuwenden.*

> # G – Das Geltungsproblem: Wann und wodurch gelten Werte?

Geltung, ein neuer Stern am Begriffshimmel

Heinrich John Rickert hat die Philosophie gleichsam nach der Werteseite hin „umgekrempelt". Die „Philosophie als Wertlehre" ist Ausgangspunkt und Ziel seines Nachdenkens.[1] Darin spielt der Begriff Geltung eine entscheidende Rolle. Seine Ausführungen fangen erst ganz langsam an – aber dann …

„Doch wir sprachen [neben dem Wort Wert, Anm. J.E.] noch von einem zweiten Wort, das geeignet ist, das nicht Existierende und besonders das Irreale positiv zu bezeichnen. Damit meinen wir das *Gelten*. Auch diesen Begriff suchen wir soweit zu bestimmen, wie das bei solchen elementaren und unableitbaren Begriffen möglich ist. Wir dürfen auch dabei umständliche Erörterungen nicht

---

[1] Rickert, H. (1921): Die Philosophie als Wertlehre. In: Allgemeine Grundlegung der Philosophie. Tübingen Verlag von J.C.B.Mohr. S. 142.

scheuen."[2] Die scheut er wahrlich nicht, und so gab es schon früh Widerstände dagegen und Kritiken daran. Doch hält bis heute die Suche nach der dahinter stehenden Notwendigkeit oder nach einem gedanklichen Ersatz für diesen Begriff an.[3]

Der Grund ist eigentlich ziemlich klar. Wir stehen einem Universum von Werten gegenüber und müssen bestimmen, welche wir davon für wichtig und nutzbar halten, auf welche wir uns persönlich, im Familien- und Freundeskreis, in der Arbeit, im Land und auf der Welt stützen wollen. Dafür ist der Wahrheitsbegriff höchst ungeeignet. Demokratie ist beispielsweise für viele Menschen, Nationen, Länder ein hoher Wert. Politisch ist er in zahlreichen sozialen Regeln und Normen bis hin zu staatlichen Verfassungen verankert. Er ist in Geltung. Er ist aber nicht in dem Sinn wahr, wie eine naturwissenschaftliche Aussage oder der Satz des Pythagoras wahr ist. Es gibt viele Verächter dieses Werts und benennbare Gründe für die Verachtung.[4] Es gibt Autokratien, die in mancher Hinsicht perfekter funktionieren als Demokratien. In ihnen ist der Wert also nicht in Geltung.

Es ist zweifellos eines der großen Verdienste von Rickert, darüber erstmals tiefgründig und konsequent nachgedacht zu haben. Es ist nur konsequent, dass Jürgen Habermas, der unbestritten bedeutendste deutsche Sozialphilosoph unserer Zeit das Fundamentalproblem wieder aufgenommen und in seinem Buch „Faktizität und Geltung" viele weiterführende Vorschläge zu seiner Lösung gemacht hat. Es ist nur natürlich, dass besonders Juristen und Sozialpolitiker immer wieder die Geltung von Werten diskutierten. Viele

---

[2] Rickert, H. (1921): Wert und Geltung. In: Allgemeine Grundlegung der Philosophie. Tübingen Verlag von J.C.B.Mohr. S. 121–128.
[3] Umfassend dazu Lumer, C. (1999): Geltung, Gültigkeit. In: Sandkühler, H.J. (Hrg.): Enzyklopädie Philosophie, Bd. 1. Hamburg Meiner Verlag. S. 450–455.
[4] Brennan, J. (2017): Gegen Demokratie: Warum wir die Politik nicht den Unvernünftigen überlassen dürfen. Berlin Ullstein Verlag.

ihrer Entscheidungen gehen von Gesetzen und Normen aus, die direkt auf ethisch-moralische oder sozial-weltanschaulich-politische Werte zurückgreifen. Die Umwertung ethischer oder politischer Werte kann die Änderung juristischer Entscheidungen zur Folge haben. Setzen sich in einem Land beispielsweise ethisch argumentierende Kräfte und Bewegungen durch, die das embryonale Lebensrecht bereits kurz nach der Zeugung über alle anderen persönlichen Rechte stellen, werden sie – vielleicht erfolgreich – darauf drängen, das Abtreibungsrecht entgegen den Persönlichkeitsrechten der Schwangeren zu verschärfen. Natürlich suchen die Juristen und sozial Entscheidenden Bestätigung, dass ihre Entscheidungen gerecht und berechtigt seien. Diese Bestätigung kann nur die Gewissheit liefern, dass die den Gesetzen und Normen zugrunde liegenden Werte gültig sind.

„Nenne ich ein Urteil [eine Aussage, Anm. J.E.[5]] wahr, so will ich damit nicht nur sagen, dass ich es als wahr werte, sondern dass es unabhängig von meiner Wertung gilt, und ebenso ist es sicher wenigstens die Absicht des Urteilenden, wenn ein Kunstwerk als schön oder eine Willenshandlung als gut bezeichnet wird, damit eine Geltung dieser atheoretischen Werte zu behaupten, die unabhängig von der Wertung des Subjekts besteht. Wie das theoretische Werturteil für einen Urteilsgehalt den Wert der Wahrheit, so nimmt das ästhetische oder das ethische Werturteil für ein Kunstwerk oder eine Willenshandlung die atheoretischen Werte der Schönheit und der Sittlichkeit als gültig in Anspruch, und damit ist ein Problem gegeben, das eine umfassende Philosophie nicht ignorieren darf."[6]

---

[5] In der traditionellen Logik ist „Urteil" ein Grundbegriff, der eine logische Aussage bezeichnet.
[6] Rickert, H. (1921): Allgemeine Grundlegung der Philosophie. Tübingen Verlag von J.C.B.Mohr. S. 183 f.

Am besten, man illustriert sich diesen Grundansatz. Architekten haben nach allen Erkenntnissen von Statik und Dynamik die Standfestigkeit eines Hochhauses bei Beben und Sturm theoretisch berechnet. Als Stadtbaurat habe ich die Theorie prüfen lassen und stelle fest: Das Haus wird sicher stehen. Das gilt objektiv,[7] unabhängig von meiner persönlichen Wertung der Standsicherheit: Eine gültige Aussage.

Galeriebesuch. „Salvator Mundi" von Leonardo da Vinci. Als Bewunderer des Werks stelle ich fest: Ein schönes, vielleicht das schönste Bild Leonardos. Eine gültige Aussage?

Ein Straßenräuber entreißt einer über Achtzigjährigen die Handtasche, darin die gerade abgehobene Rente. Empört behaupte ich: Ein verbrecherisches, ein zutiefst unmoralisches Verhalten. Eine gültige Aussage?

Der Unterschied dieser drei Aussagen lässt sich gleichsam erfühlen. Wenn die Architekten richtig gerechnet haben, wird niemand mit guten Gründen die Geltung des Werts anzweifeln können: Das Haus wird sicher stehen. „Von den atheoretischen Werten, wie denen des sittlichen, des künstlerischen oder auch des religiösen Lebens, kann man das nicht sagen. Es muss daher gefragt werden, ob eine andere als theoretische Geltung von der Philosophie behauptet werden darf."[8]

Prüfen wir uns selbst, wie oft wir wertende Aussagen machen, von deren Gültigkeit wir überzeugt sind. Sonst würden wir sie vielleicht gar nicht äußern.

Geltung ist kein abgehobenes philosophisches Problem – es ist ein fundamentales Alltagsproblem.

Deshalb kreist Rickert dieses Fundamentalproblem wortgewaltig ein. „[...] es scheint auch mit dem Sprachgebrauch unvereinbar, Existierendes, das nur da ist, geltend

---

[7] Carrier, M. (2013): Werte und Objektivität in der Wissenschaft. In: Information Philosophie, Dezember 2013. S. 8–13.
[8] Rickert, H. (1921): Allgemeine Grundlegung der Philosophie. Tübingen Verlag von J.C.B.Mohr. S. 184.

zu nennen. Eine mathematische Figur oder eine Zahl existiert als idealer Gegenstand. Von ihnen selbst jedoch lässt sich nicht sagen, dass sie gelten wie der Sinn der Sätze *über* mathematische Gebilde. Deshalb verwenden wir Gelten ebenso wie Wert nicht allein für nicht reale, sondern auch für nicht existierende Gegenstände, und zwar *nur* für solche […]⁹ Die Irrealität jedes Wertes und jedes Geltens bleibt unbestreitbar[10] […] Es ist nicht allein alles, was gilt, ein Wert, so viele verschiedene Arten der Werte es geben mag, sondern es besitzt auch jeder Wert eine Geltung."[11]

Auf die Irrealität von Werten bin ich schon eingegangen. Bei allem Gehen, Streifen, Spazieren, Genießen von Kunst und Wissenschaft sind wir nirgends Werten begegnet. Ebenso finden wir nirgends Geltungen, nirgends ein Gelten. Werte schreiben wir Dingen, Eigenschaften, Relationen, Prozessen mittels Wertungssätzen zu. Geltung schreiben wir Wertungssätzen in Form von Geltungssätzen, Geltungsfeststellungen zu. Solche Sätze, oder ihnen entsprechende Ausdrucksformen, nennt Rickert „nicht existierende Gegenstände". Ich lasse mich hier weder auf eine logische Analyse des Existenzbegriffs ein, noch gar auf Überlegungen zum Begriff der Existenz, des Seins, wie sie Heidegger wagte.

Rickerts Verständnis ist wesentlich einfacher: „Viel mehr denkt jeder, der gelten sagt, dabei auch an etwas, was über die bloße Tatsachen hinausgeht, mag ihm das voll zum Bewusstsein kommen oder nicht. Er will damit nicht allein zum Ausdruck bringen, dass ein Wert faktisch anerkannt wird, sondern zugleich, dass er als Wert für die ihn Anerkennenden gilt. So bezieht sich Gelten immer auch auf Irreales, ja das ist sein eigentlicher Sinn, für den wir ein anderes, ebenso bezeichnendes und völlig unzweideutiges

---

[9] Ebenda, S. 122.
[10] Ebenda, S. 124.
[11] Ebenda, S. 124.

Wort leider nicht besitzen [...] Außer Wert gibt es keinen besseren Terminus für Irreales als Gelten. Seien wir froh, dass wir das Wort haben und verwirren wir nicht den Sprachgebrauch. Wertfreies Gelten erinnert an nikotinfreien Tabak oder koffeinfreien Kaffee. Manche lieben es vielleicht nur deshalb, weil sie philosophisch zu nervös sind, um die Wertprobleme wissenschaftlich zu ‚vertragen'."[12]

Ich bin – mit Rickert – froh, dass wir das Wort haben. Man kann es durch andere ersetzen, durch „Adäquatheit" (bestimmte Werte sind einer Handlungssituation adäquat, entsprechen ihr), durch „Vorherrschen" (bestimmte Werte sind in einer Handlungssituation die am meisten, die allgemein benutzten) oder durch „Wirkungsvermögen" (bestimmte Werte sind in einer Handlungssituation wirkmächtiger als andere). Ich glaube, es ist sinnvoll, den Geltungsbegriff zu verteidigen, ihn zu präzisieren und weiterzuentwickeln.

Wo es Wertungen, wo es Werte gibt, wird sich immer und sofort die Frage erheben: Nach welchen Werten sollen wir uns richten, welche Werte sind „richtig", „zutreffend", „wahr". Dass wir sie nicht wie naturwissenschaftliche Ergebnisse verifizieren können, stört viele. Ganz grundsätzlich, wie beispielsweise Martin Heidegger oder Carl Schmidt. Mit bedenklichem Kopfschütteln, wie manche Kritiker aus der juristischen Gilde. Mit Vorschlägen zur Weiterentwicklung, wie sie Jürgen Habermas formulierte.

Auf dem Holzweg?

Martin Heidegger hat sich immer wieder mit Problemen von Werten und ihrer Geltung auseinandergesetzt. Das hat wahrscheinlich sowohl oberflächlich-biografische als auch fundamental-philosophische Gründe.

---

[12] Ebenda, S. 126.

Heidegger verdankt Rickert viel und er dankt es ihm wenig. Er studiert bei dem „Hochverehrten Herrn Geheimrat", dessen „philosophische Grundanschauungen zwar andere" sind, von dem er aber „starke philosophische Anregungen und Belehrungen" in dessen Vorlesungen und Seminaren erhielt.[13] Er beginnt seine akademische Karriere als Rickerts Assistent und schreibt seine Habilitationsarbeit bei Rickert. Der „in aufrichtigster Verehrung und Dankbarkeit ergebenste Martin Heidegger" ist noch nach Kriegsausbruch 1914 überzeugt, dass die Philosophie in der Zukunft tief bedeutsam werden muss, und dabei „eine Kulturphilosophie und das System der Werte zuallererst".[14] Rickert wird nach Heidelberg berufen, und Heidegger klagt: „Seit Sie nicht mehr da sind, fehlt einfach etwas an unserer Universität, und zwar das Wertvollste, die Philosophie als Weltanschauung, die großen leitenden Perspektiven, die mir von Anfang ermöglichten, ein wirkliches inneres Verhältnis zur Wertphilosophie zu gewinnen, trotz mancher Gegensätze".[15] Der „Liebe Herr Kollege" Heidegger plant 1916 eine Einleitung zu Rudolf Hermann Lotzes „Metaphysik" zu schreiben und dabei „den nicht überall expliziten Wertgedanken" herauszuheben.[16] Bei der Rückkehr aus dem Felde, 1920, konzipiert er eine Vorlesung „Transzendentale Wertphilosophie und Phänomenologie" und findet in Motivationsbeziehungen, in denen sich alles „Sein" ausdrückt, eine Brücke zum eigenen Philosophieren.[17] 1926 erkennt er zwar noch an, dass ihm Rickerts „philosophische

---

[13] Heidegger, M., Rickert, H. (2002): Briefe 1912–1933 und andere Dokumente. Aus den Nachlässen herausgegeben von Alfred Denker. Frankfurt Am Main Verlag Vittorio Klostermann S. 11.
[14] Ebenda, S. 20.
[15] Ebenda, S. 25.
[16] Ebenda, S. 34.
[17] Ebenda, S. 47.

Arbeit als solche vorbildlich geworden ist"[18], besucht seinen alten Lehrer aber trotz mehrfacher Bitten ebenso wenig, wie den für ihn wichtigen Philosophen – und Juden – Edmund Husserl, von dem er sich ebenfalls „bis zur Unkenntlichkeit entfernt" hat.[19] Die ab 1933 zwölf Jahre herrschenden Werteideen des Nationalsozialismus und des Antisemitismus nehmen kurzzeitig von ihm Besitz[20], von seiner Frau, dem „Seelchen" Elfriede, mindestens bis 1945[21]. Ein bisschen wertephilosophische Besinnung hätte da vielleicht sogar genützt?

Allerdings führt er nun fundamentale Gründe für seine Ablehnung der Wertephilosophie ins Feld. Sie blitzen im Gesamtwerk seit den dreißiger Jahren immer wieder auf, es ließe sich daraus ein Anti-Werte-Brevier gestalten. Er ist überzeugt, das Denken in Werten und ihren Geltungen müsse überwunden werden. Das begründet er so: „Weil gegen die ‚Werte' gesprochen wird, entsetzt man sich über eine Philosophie, die es angeblich wagt, die höchsten Güter der Menschheit der Missachtung preiszugeben. Denn was ist ‚logischer' als dies, dass ein Denken, das die Werte leugnet, notwendig alles für wertlos ausgeben muss? […] Das Denken gegen ‚die Werte' behauptet nicht, dass alles, was man als ‚Werte' erklärt, die ‚Kultur', die ‚Kunst', die ‚Wissenschaft', die ‚Menschenwürde', ‚Welt' und ‚Gott' wertlos sei. Vielmehr gilt es endlich einzusehen, dass eben durch die Kennzeichnung von etwas als ‚Wert' das so Ge-

---

[18] Ebenda, S. 59.
[19] Ebenda, S. 59.
[20] Homolka, W. (Hrg.) (2016): Heidegger und der Antisemitismus: Positionen im Widerstreit. Herder Verlag; Trawny, P. (2015): Heidegger und der Mythos der jüdischen Weltverschwörung. Frankfurt am Main Vittorio Klostermann Verlag; Farías, V. (2017): Heidegger und der Nationalsozialismus. Frankfurt am Main Fischer Digital.
[21] Heidegger, G., Heidegger, H. (2005): Mein liebes Seelchen! Briefe Martin Heideggers an seine Frau Elfride. 1915–1970. Ausgewählt und kommentiert von Gertrud Heidegger.

wertete seiner Würde beraubt wird. Das besagt: durch die Einschätzung von etwas als Wert, wird das Gewertete nur als Gegenstand für die Schätzung des Menschen zugelassen. Aber das, was etwas in seinem Sein ist, erschöpft sich nicht in seiner Gegenständlichkeit, vollends dann nicht, wenn die Gegenständlichkeit den Charakter des Wertens hat. Alles Werten ist, auch wo es positiv wertet, eine Subjektivierung. Es lässt das Seiende nicht – *sein*, sondern das Werten lässt das Seiende lediglich als das Objekt seines Tuns – *gelten*. Die absonderliche Bemühung, die Objektivität der Werte zu erweisen, weiß nicht, was sie tut. Wenn man vollends ‚Gott' als ‚den höchsten Wert' verkündet, so ist das eine Herabsetzung des Wesens Gottes. *Das Denken in Werten ist hier und sonst die größte Blasphemie, die sich dem Sein gegenüber denken lässt.*"[22]

Ein Werteobjektivismus sei demnach ebenso verfehlt wie ein Wertesubjektivismus. Aber anstatt die wirkliche Entstehung und Funktion von Werten und ihren Geltungen zu berücksichtigen[23], schlägt Heidegger vor, diese Begriffe aus dem philosophischen wie dem alltäglichen – journalistischen, medialen, politischen – Gebrauch zu entfernen. Das ist wahrscheinlich ein Holzweg und kann nur in unwegsames Dickicht führen.

Besonders konzentriert wird diese Position deutlich in der Polemik gegen den bewunderten Philosophen der „Umwertung aller Werte", Friedrich Nietzsche.[24] Auch Heidegger sieht die achtziger Jahre des 19. Jahrhunderts als grauen-

---

[22] Heidegger, M. (2. erw. Aufl. 1978): *Wegmarken*. Frankfurt a. M. Vittorio Klostermann. S. 345 f.; Hervorhebung J.E.

[23] Joas, H. (1999): Die Entstehung der Werte. Frankfurt am Main Suhrkamp Taschenbuch Verlag.

[24] Vielleicht am konzentriertesten in: Heidegger, M. (1990): Heidegger Gesamtausgabe Bd. 50: 1. Nietzsches Metaphysik (für Wintersemester 1941/1942 angekündigt, aber nicht vorgetragen) 2. Einleitung in die Philosophie. Denken und Dichten (Wintersemester 1944/1945). Frankfurt am Main Verlag Vittorio Klosterman.

haft weiterwirkende Weltenwende: „Die Zeit kommt, wo der Kampf um die Erdherrschaft geführt werden wird, – er wird im Namen *philosophischer Grundlehren* geführt werden."[25]

Doch in diesem Kampf habe man Nietzsches Wert- und Geltungsverständnis trivialisiert. „Im 19. Jahrhundert wird die Rede von den Werten geläufig und das Denken in Werten üblich. Aber erst zufolge einer Verbreitung der Schriften Nietzsches ist die Rede von Werten populär geworden. Man spricht von Lebenswerten, von den Kulturwerten, von Ewigkeitswerten, von der Rangordnung der Werte, von geistigen Werten, die man zum Beispiel in der Antike zu finden glaubt. Bei der gelehrten Beschäftigung mit der Philosophie und bei der Umbildung des Neukantianismus, kommt man zur Wertphilosophie. Man baut Systeme von Werten und verfolgt in der Ethik die Schichtungen von Werten […] Man hält die Wissenschaft für wertfrei und wirft die Wertungen auf die Seite der Weltanschauungen. *Der Wert und das Werthafte wird zum positivistischen Ersatz für das Metaphysische.* Der Häufigkeit des Redens von Werten entspricht die Unbestimmtheit des Begriffes. Diese ihrerseits entspricht der Dunkelheit der Wesensherkunft des Wertes aus dem Sein."[26]

Der Wille zur Macht werde zum „Prinzip einer neuen Wertsetzung", das zur Umwertung aller Werte führt: „Der Gesichtspunkt des ‚Werts' ist der Gesichtspunkt von Erhaltungs-, Steigerungs-Bedingungen in Hinsicht auf komplexe Gebilde von relativer Dauer des Lebens innerhalb des Werdens." Mit diesem Nietzsche-Zitat[27] kommt Heidegger dem Verständnis von Werten als Ordnern von Selbst-

---

[25] Heidegger, M. (2000): Heidegger Gesamtausgabe Bd.VII, Frankfurt am Main, Verlag Vittorio Klostermann, S. 207.

[26] Heidegger, M. (6. durchges. Aufl. 1980): Holzwege. Frankfurt am Main Vittorio Klostermann Verlag. S. 222, Hervorhebung J.E.

[27] Ebenda, S. 223.

organisation erstaunlich nahe. Tatsächlich gibt es Überlegungen, bei Friedrich Wilhelm Joseph Schelling beginnend[28] und Arthur Schopenhauers Willensvorstellungen einbeziehend, Nietzsches Willen zur Macht als Selbstorganisationsprinzip zu verstehen, das eine Vielfalt von Ordnern gebiert.[29] Allerdings entfernt sich Heidegger flugs von diesem Ansatz, um eher die *Blasphemie* eines Denkens in Werten dem Sein gegenüber und die *Unbestimmtheit* des Wertebegriffs zu verurteilen. Er besteht darauf: „Der Wert ist Wert insofern er *gilt*".[30] Und: „Die Entwertung der bisherigen obersten Werte bedeutet [...] nicht eine nur verhältnismäßige Einbuße ihrer *Geltung*, sondern Entwertung ist völliger *Umsturz* der bisherigen Werte".[31]

Heidegger lehnt also, zusammengefasst, die Begrifflichkeiten Wert und Geltung weitgehend ab. Er ist überzeugt, der Häufigkeit des Redens von Werten und Geltungen entspricht die Unbestimmtheit des Begriffs. Der Wert und das Werthafte wird in seiner Sicht zum positivistischen Ersatz für das Metaphysische,

---

[28] Heuser-Keßler, M.-L. (1986): Die Produktivität der Natur.: Schellings Naturphilosophie und das neue Paradigma der Selbstorganisation in den Naturwissenschaften. Berlin Duncker und Humblot Verlag.
[29] Göbel, A. (1993): Friedrich Nietzsche: Physiologisches Kunstprogramm und die Selbstorganisation des Kunstsystems. Ein Beitrag zur Geschichte der Selbstorganisationsidee. In: Niedersen, U., Schweitzer, F. (Hrg.): Selbstorganisation. Jahrbuch für Komplexität in den Natur-, Sozial- und Geisteswissenschaften. Band 4 – Ästhetik und Selbstorganisation. Berlin Verlag Duncker und Humblot; An der Heiden, U. (2020): Die Selbstorganisation des Geistes. In Viol, K., Schöller, H., Aichhorn, W. (Hrg.): Selbstorganisation – ein Paradigma für die Humanwissenschaften. Zu Ehren von Günter Schiepek und seiner Forschung zu Komplexität und Dynamik in der Psychologie. Wiesbaden Springer Verlag. S. 259 ff.; Hartmann, F. (1997): Zur Dialektik von Gesundsein und Kranksein bei Friedrich Nietzsche. In: Jacobi, R. (Hrg): Selbstorganisation. Jahrbuch für Komplexität in den Natur-, Sozial- und Geisteswissenschaften. Bd. 7 Zwischen Kultur und Natur. Neue Konturen medizinischen Denkens. Berlin Verlag Duncker und Humblot. S. 115 ff.; Springmann, S. (2015): Nietzsche als Systemiker? Mögliche Anknüpfungspunkte zwischen Nietzsches perspektivischem Denken und dem systemischen Ansatz. In: systeme 2015, Jg. 29 (1): S. 41–68.
[30] Heidegger, M. (6. durchg. Aufl. 1980): Holzwege. Frankfurt am Main Verlag Vittorio Klostermann. S. 224.
[31] Ebenda, S. 24 f.

also für das Philosophische, das nach Welt, Endlichkeit und Einsamkeit fragen sollte.[32] *Ohne die Wesensherkunft des Werts aus dem Sein zu bedenken, wie er selbst dies tut, sei das Reden von Werten populär, aber unangebracht.*

Der unschuldige Gedanke vom unwerten Leben

Im Gegensatz zu dieser schweren Kost hat Carl Schmidt ein leichter lesbares Anti-Werte-Brevier verfasst: „Die Tyrannei der Werte". Es ist im gleichen Maß eine Kritik an der vermeintlichen Tyrannei der Geltung.

Nach 1945, als nazistischer Kronjurist heftig angegriffen[33], versucht Schmitt eigene Positionen trotzig zu überdenken und weiterzudenken. Dabei fällt ihm auf: „Nach 1949, nach dem zweiten Weltkrieg, begründeten deutsche Gerichte ihre Entscheidungen in weitem Maße mit wertphilosophischen Gesichtspunkten". Natürlich, ein justizbeamteter Richter „braucht eine objektive Begründung für seine Urteile und Entscheidungen, und hierfür bietet sich ihm heute ein Vielerlei von Wertphilosophien an. Die Frage ist, wie weit ein solches Vielerlei im Stande ist, die gewünschten, allgemeinüberzeugenden, objektiven Begründungen zu liefern".[34] Seine Antwort ist klar: Wertphilosophien können solche Antworten nicht liefern. Er kritisiert eine Gesetzesbegründung von 1949, die mit dem

---

[32] Heidegger, M. (4. Aufl. 2010): Die Grundbegriffe der Metaphysik. Welt-Endlichkeit-Einsamkeit. Frankfurt am Main Verlag Vittorio Klostermann.

[33] Velasco, J.C. (2019): Der lange Schatten von Carl Schmitt. Der „Kronjurist des Dritten Reiches", gelesen von Jürgen Habermas. In: Leviathan, 47. Jg., 1/2019, S. 86–101; Mehring, R. (2009): Carl Schmitt. Aufstieg und Fall. Eine Biographie, München C.H. Beck Verlag.

[34] Schmitt, C. (3. korr. Aufl. 2011): Die Tyrannei der Werte. Berlin Duncker und Humblot. S. 9.

Satz beginnt: „In der freiheitlichen Demokratie ist die Würde des Menschen der höchste Wert. Sie ist unantastbar." Und stellt spöttisch fest: „Er, der Wert, bleibt offen".[35] Wer denkt da nicht sofort an den ersten Artikel des Grundgesetzes für die Bundesrepublik Deutschland: „(1) Die Würde des Menschen ist unantastbar. Sie zu achten und zu schützen ist Verpflichtung aller staatlichen Gewalt."[36]

Noch eine andere üble Folgerung rechnet Schmitt der Wertephilosophie an. Rickert hatte betont, es sei mit unserem Sprachgebrauch unvereinbar, Existierendes, etwas das nur da ist, geltend zu nennen. Bei Werten sei das ganz anders. Ein nicht vorhandener, ein völlig abgelehnter Wert kann als Unwert in unsere Sprache eingehen. Schmidt bekräftigt das und spricht von einer „Aggressivität, die jeder Wertsetzung immanent ist."[37] „Niemand kann werten ohne abzuwerten, aufzuwerten und zu verwerten. Wer Werte setzt, hat sich damit gegen Unwerte abgesetzt [...] Ein Philosoph der objektiven Werte, für den es höhere Werte gibt als das physische Dasein der jeweils lebenden Menschen, ist bereit, die Vernichtungsmittel der modernen Wissenschaft und Technik einzusetzen, um diese höheren Werte durchzusetzen [...] Das kann man in der Diskussion über den Einsatz atomarer Kampfmittel erleben."[38]

Eine andere bis zum Ende durchdachte grausige Form der Unwert-Erklärung war Schmitt vier Jahre nach Auschwitz noch sehr präsent: „Im Jahr 1920 erschien in Deutschland eine Schrift, die einen ominösen Titel trug: ‚Freigabe der Vernichtung lebensunwerten Lebens'. Ihre Verfasser waren zwei hoch angesehene deutsche Gelehrte, bester

---

[35] Ebenda, S. 12.
[36] O.A. (2009): Grundgesetz der Bundesrepublik Deutschland und die Verfassungen der Länder. Augsburg Weltbild Verlag. S. 3.
[37] Schmitt, C. ebenda, S. 43.
[38] Ebenda.

deutscher Bildungstradition. Beide waren liberale Menschen ihrer Zeit, beide von besten, humanen Absichten beseelt […]"[39]

„Manche Theologen, Philosophen und Juristen" vermutete Schmitt, „versprechen sich von einer Wertphilosophie die Rettung ihrer Existenz als Theologen Philosophen und Juristen, die Rettung nämlich vor einer unwiderstehlich vordringenden wertfreien Naturwissenschaftlichkeit".[40]

Er hält die Umdeutung der Grundrechte und der Verfassung in ein Wertesystem, und die Verwandlung des Verfassungsvollzugs aus einem klaren Normen- und Entscheidungsvollzug in einen Wertevollzug für einen verhängnisvollen Fehler. *„Werte und Wertlehren vermögen keine Legitimität zu begründen; sie können eben nur verwerten."*[41] Aber wer setzt die klaren Normen und eindeutigen Entscheidungen, wer begründet die Legitimität? Mit seiner Feststellung „Der Führer schützt das Recht", 1934, hat Schmitt, finde ich, seine eigene Position ad absurdum geführt, indem er diese Normensetzung des „Führers" für legitim erklärte[42], von den fürchterlichen politischen Nachwirkungen ganz abgesehen.

Zur Beschreibung der Herkunft und der Lage der Wertphilosophie benutzt er wörtlich Heideggers bereits zitierte Kritik, um dann kategorisch festzustellen:

---

[39] Ebenda, S. 52.
[40] Ebenda, S. 20.
[41] Ebenda, S. 23. Legalität bedeutet nach C.S. die Herrschaft positiven Rechts (bestehender Rechtsordnung), Legitimität beurteilt hingegen die „richtige" Ausübung von Herrschaft, nur vermeintlich orientiert an ethisch-moralischen und sozial-weltanschaulich-politischen Wertungen, siehe Schmitt, C. (2012): Legalität und Legitimität. Berlin Verlag Duncker und Humblot.
[42] Schmitt, C. (1934): Der Führer schützt das Recht. Zur Reichstagsrede Adolf Hitlers vom13. Juli 1934. In: Deutsche Juristen-Zeitung, Berlin, den 1. August 1934, 39. Jahrgang, Heft 15, am1.August 1934, S. 945 ff.

„Es ist zu beachten, dass der Wert, von dem die Wert-Philosophie spricht, kein Sein haben soll, sondern eine Geltung. *Der Wert ist nicht, sondern er gilt.* Einige sprechen von einem idealen Sein der Werte, doch brauchen wir solche Nuancen nicht zu vertiefen, weil der Wert als solcher jedenfalls nicht ist, sondern eben gilt. Das Gelten freilich impliziert, wie wir noch näher sehen werden, einen umso stärkeren Drang zur Verwirklichung. Der Wert lechzt geradezu nach Aktualisierung. Er ist nicht wirklich, wohl aber wirklichkeitsbezogen und lauert auf Vollzug und Vollstreckung."[43]

Die Geltung der Werte beruht, zusammengefasst, auf menschlichen Setzungen, das führt zu einem ewigen Kampf der Werte und der Weltanschauungen. „*Die Geltung muss fortwährend aktualisiert, das heißt geltend gemacht werden [...] Wer Wert sagt, will geltend machen und durchsetzen [...] Wer ihre Geltung behauptet, muss sie geltend machen. Wer sagt, dass sie gelten, ohne dass ein Mensch sie geltend macht, will betrügen.*"[44]

Eine journalistische Anmerkung von 2017 erscheint mir wie ein Resümee der Werte und Geltungen grundsätzlich ablehnenden Positionen von Heidegger und Schmitt:

„In der Bundesrepublik der frühen 1980er-Jahre schien die Rede von ‚Werten' philosophisch obsolet [...] Das hat sich seit den späten 1990er-Jahren gründlich geändert. Die Rede von ‚Wertgebundenheit', ‚Wertorientiertheit', ‚Wertepolitik', ‚Wertefundamenten', ‚Wertekanon', ‚Besinnung auf Werte', in der Regel ‚unsere', mithin ‚westliche', geht Liberalen wie (bekehrten) Linken inzwischen locker von den Lippen [...] Nicht mehr nur von Besinnung auf westliche Werte, vielmehr von ihrer Verteidigung gegen jene, die sich von ihnen massenhaft angezogen zeigen, hört und

---

[43] Ebenda, S. 36.
[44] Ebenda, S. 41.

liest man vor allem seit 2015: ‚Wir müssen auf diese Werte pochen, wenn nun Menschen aus anderen Kulturkreisen zu uns kommen.' Immerhin seien ‚Werte' wie ‚Universalismus, Menschenrechte, Solidarität, Aufklärung' ‚das Beste und Wertvollste an Europa', zumindest eines geistigen Kerneuropas."[45] Der werteorientierten Welt stünden schwere Zeiten bevor, habe ein Kommentator des Deutschlandfunks prophezeit, während Spiegel-Kolumnist Jakob Augstein in Osteuropa einen Kontinent der Wertferne entdeckt habe: Sie nähmen zwar gerne westliches Geld, wollten aber bitte von den westlichen Werten verschont bleiben.[46]

Die Geltung der Geltung

Ganz anders gehen moderne Juristen und Rechtsphilosophen mit dem Erbe des Südwestdeutschen Neukantianismus, insbesondere auch Rickerts um. Zwei der bekanntesten Rechtsphilosophen des 20. Jahrhunderts, Gustav Radbruch und Hans Kelsen, gehörten zu den Anhängern dieser Denkrichtung. Sascha Ziemann hat sich 2009 dem Zusammenhang von Südwestdeutschem Neukantianismus und Strafrecht gewidmet.[47] Er untersucht insbesondere, wie weit die neukantianische Wertephilosophie Eingang in die Strafrechtswissenschaft gefunden hat. Eine gehaltvoll kurze Einführung in die Philosophie des Neukantianismus arbei-

---

[45] Große, J. (2017): Warum Werte? Über ein Gefühl im westlichen Denken. In Perspektiven der Philosophie. Neues Jahrbuch, Band: 43. Brill Verlag S. 139–163. S. 151.
[46] Augstein, J. (2016): „Osteuropa wird Russland immer ähnlicher", in: spiegel online vom 4. Januar 2016.
[47] Ziemann, S. (2009): Neukantianisches Strafrechtsdenken. Die Philosophie des Südwestdeutschen Neukantianismus und ihre Rezeption in der Strafrechtswissenschaft des frühen 20. Jahrhunderts. Baden-Baden Nomos Verlagsgesellschaft.

tet die Wertebeziehung als zentralen Unterscheidungsmaßstab zwischen – wertefreier – Natur und – wertebezogener – Kultur, mit den Bereichen Religion, Wirtschaft, Recht, Sittlichkeit, Sozialität, Kunst, aber auch Wissenschaft, heraus.

In Bezug auf die Problematik der Geltung sieht Ziemann einen Hauptaspekt des Südwestdeutschen Kantianismus in der Legitimationsfunktion der Wertephilosophie. Diese behaupte nämlich, dass „Wertungen, die, obwohl sie auf den ersten Blick subjektiv und relativ erscheinen, doch implizit mit dem Anspruch auf objektive und absolute Geltung auftreten".[48] Jeder, der Worte wie wahr, gut, schön, heilig gebraucht – zitiert er Rickert – setzt faktisch Werte als gültig voraus und behauptet durch die bloße Bezeichnung implizit, dass ihre Geltung objektiv oder überindividuell ist. Es geht hier also nicht um das „Wesen" von Werten, sondern um die *Funktion* des Wertebegriffs. *Das eigentliche Wesen von Werten besteht in ihrer Geltung, nicht in ihrer Tatsächlichkeit.*

Nun ist der *Anspruch* auf objektive und absolute Geltung oder die *Behauptung*, dass die Geltung von Werten objektiv oder überindividuell sei, eine ziemlich unsichere Basis von juristischen oder von alltäglichen Werteurteilen. Auch Rickert oder seinem Freund Wilhelm Windelband sind viele fürchterliche historische Werteverfehlungen in Religion, Wirtschaft, Recht, Sittlichkeit, Politik oder Kunst bekannt und bewusst und ihr Gegenargument ist ziemlich schwach. „Die transzendentale Geltung von Werten führen die südwestdeutschen Kantianer auf das Bewusstsein des erkennenden Subjekts zurück, das von Windelband als ‚Normalbewusstsein' und Rickert als ‚Bewusstsein überhaupt' bezeichnet wird."[49] Das Bewusstsein als Welten-

---

[48] Ebenda, S. 71.
[49] Ebenda, S. 77.

richter – eine solche Argumentation konnte nicht gut gehen. An ihr entzündeten sich die heftigsten Widersprüche – nicht nur von Heidegger oder Schmitt.

Wie fruchtbar hingegen die Überlegungen des Südwestdeutschen Kantianismus über diese eher praktischen juristischen Anwendungsmöglichkeiten hinaus für die moderne Philosophie, insbesondere für die Kulturphilosophie sein können, haben fünfzehn Autoren eines von Christian Krijnen und Ernst Wolfgang Orth herausgegebenen Bands mit dem Titel „Sinn. Geltung. Wert." herauszuarbeiten versucht. Geistige Klammer der Texte ist die Feststellung, dass die zentralen Gedanken des Neukantianismus um die Thematik der Geltung, um die Geltungsbestimmtheit unserer theoretischen und atheoretischen (praktischen, religiösen, ästhetischen etc.) Leistungen zentriert sind. „*Philosophie ist für die Neukantianer wesentlich Geltungstheorie.*" Dabei thematisiert der Neukantianismus nicht die Dinge in ihrem Sein, sondern primär die Geltung, mit der das Sein gedacht wird.[50]

Vollends auf das Verhältnis von Wahrheit, Geltung und Wert kommt Tomasz Kubalica zurück.[51] Er zeigt in breiter Umschau, was Philosophen so alles unter Wahrheit verstehen – und das ist viel. Dann versucht er, das Wahrheitsverständnis von Rickert herauszuarbeiten, schon das ein äußerst schwieriges Unterfangen, und er resümiert: Die Geltung des Werts ist unabhängig von jedem wirklichen Akt der Bewertung sowie auch von Gütern, in denen die Werte gefunden werden. „Ein Wert kann eventuell gelten, ohne dass ein Akt der Wertung, der zu ihm Stellung nimmt,

---

[50] Krijnen,C., Orth, E.W. (Hrg.) (1998): Sinn. Geltung. Wert. Neukantianische Motive in der modernen Kulturphilosophie. Würzburg Verlag Königshausen und Neumann. S. 20.
[51] Kubalica, T. (2011): Wahrheit, Geltung und Wert. Die Wahrheitstheorie der Badischen Schule des Neukantianismus. Würzburg Verlag Königshausen und Neumann.

oder ein Gut, an dem er haftet, irgendwo und irgendwann wirklich vorhanden ist."[52] Geltung – ein Phantom?

Einfacher haben es da marxistische Kritiken. Sie halten die „spätbürgerliche Geltungsdiskussion" für äußerst problematisch. Heinz Wagner unterscheidet vier Geltungsbegriffe: einen rechtsnormativen Geltungsbegriff (ausgehend von Wert- und Normensetzungen, ohne die Gründe der Festlegungen zu hinterfragen), einen soziologisch-faktischen Geltungsbegriff (die faktische Wirksamkeit von Wert- und Normensetzungen wird in den Vordergrund gerückt), einen philosophischen Geltungsbegriff (bei dem Wert- und Normensetzungen in Moral, Ethik, Politik, Religion verankert sind) und einen analytisch-wissenschaftstheoretischen Geltungsbegriff (der auf die sprachlogische Stimmigkeit von Werte- und Normensetzungen in einem Werte- und Normensystem ausgerichtet ist). Alle diese durchweg problematisierten und kritisierten Geltungsbegriffe werden dann mit Geltungsbegründungen im Historischen Materialismus konfrontiert. Werte sind darin ein Teil des gesellschaftlichen Bewusstseins. Sie sind komplexe Verdichtung von Einstellungen, Erwartungen und Anforderungen gesellschaftlicher Subjekte an die Objekte ihrer natürlichen und gesellschaftlichen Umwelt. Die Funktion gesellschaftlicher Werte liegt in der Steuerung und Kontrolle sozialen Handelns, in der Ausbildung von Motivationen und der Lebensgestaltung.[53] Die marxistische absolute Geltungsbegründung erfolgt wiederum im Rahmen der Gesellschafts- und Geschichtstheorie des Historischen Materialismus. Werte und Normen gelten stets für bestimmte gesellschaftliche Klassen – ihre Geltung ist insofern relativ. Durch die Lehre von den progressiven Klassen

---

[52] Ebenda, S. 55.
[53] Wagner, H. (1982): Normenbegründungen : Einführung in die spätbürgerliche Geltungsdiskussion. Studien zur Dialektik. Köln Pahl-Rugenstein Verlag.

und von der historischen Mission der Arbeiterklasse werden die Geltungsansprüche aber absolut. „Diese Klasse [...] vertritt schon heute tendenziell die Bedürfnisse und objektiven Interessen der gesamten Gesellschaft."[54] Wer diese Bedürfnisse und objektiven Interessen wissenschaftlich zu ermitteln vermag, findet den archimedischen Punkt jeder Geltungsbegründung. Nur haben sich die Hoffnungen auf eine objektivierende Geltungsbegründung auch hier als pure Illusion herausgestellt.

Unterm Strich ergibt sich also eine ziemlich durchwachsene Bilanz: In der Wertegesellschaft, in der wir leben, sind für alle Problemlösungen und proaktiven Handlungen, die sich nicht allein auf Sachwissen, Fakten und Algorithmen stützen können, Wertebegründungen unabdingbar. Voraussetzung dafür ist die Gültigkeit, die Geltung dieser Werte. Die ist aber theoretisch schwer zu fassen und praktisch schwer zu finden und sie ist immer relativ. Nie absolut. Wir hangeln uns von Geltung zu Geltung und fragen uns, wie es im Prozess sozialer Selbstorganisation nicht nur zur Entstehung von Werten – also Ordnern der Selbstorganisation – sondern auch zu Festlegungen ihrer Geltung kommen kann.

Das Schwert Geltung

Es gibt nur wenige Auseinandersetzungen zwischen deutschen Philosophen, die über den engen Kreis von Spezialisten hinaus Aufsehen erregten und lange weiterwirkten. Dazu zählt zweifellos das in der modernen Philosophiegeschichte berühmte Streitgespräch im Schweizer Luftkurort Davos zwischen dem Kulturphilosophen Ernst Cassirer und dem Seinsphilosophen Martin Heidegger am 26. März 1929. Da ging es ganz wesentlich um die Frage

---

[54] Ebenda, S. 164.

nach den Möglichkeiten des Faktums Sprache.⁵⁵ Eine andere Auseinandersetzung, zwar nicht vor Publikum, aber ebenso öffentlich und ebenso weiterwirkend bis heute war der Schlagabtausch zwischen Jürgen Habermas und Niklas Luhmann zur Frage: „Theorie der Gesellschaft oder Sozialtechnologie – Was leistet die Systemforschung?"⁵⁶ Auch dabei ging es um Möglichkeiten des Faktums Sprache, einer von der Selbstorganisationstheorie des sogenannten Konstruktivismus beeinflussten Sprache oder einer, die philosophiegeschichtlich fundiert aber ebenso von aktuellsten kommunikationswissenschaftlichen Erkenntnissen gesättigt, Kontrahenten in die Flucht schlug.

Dabei geht es mir hier nicht darum, zu bekritteln, dass Luhmann die Autopoiesetheorie von Humberto Maturana und Francisco Varela⁵⁷ ziemlich willkürlich und problematisch uminterpretiert und der wesentlich tiefgründigeren Synergetik keine Beachtung schenkt. Fragwürdig erscheint mir aber, dass er, der anfangs stark auf Talcott Parsons wertegesättigtes Werk „The Social System"⁵⁸ baut, in seinem Hauptwerk „Soziale Systeme" Werten nur ein schäbiges Eckchen übrig lässt: „Werte sind allgemeine, einzeln symbolisierte Gesichtspunkte des Vorziehens von Zu-

---

⁵⁵ Kaegi, D., Rudolph, E. (Hrg.) (2002): Cassirer – Heidegger: 70 Jahre Davoser Disputation. Hamburg Meiner Verlag; Eilenberger, W. (2019): Zeit der Zauberer: Das große Jahrzehnt der Philosophie 1919–1929. Stuttgart Klett Cotta Verlag.

⁵⁶ Habermas, J., Luhmann, N. (1971): Theorie der Gesellschaft oder Sozialtechnologie. Frankfurt am Main Suhrkamp Verlag; Rühl, M. (2016): Habermas kontra Luhmann und die Abklärung von Kommunikation/Gesellschafts-Verhältnissen. Wiesbaden, Springer Verlag.

⁵⁷ Maturana, H.R., Varela, F.J. (7. Aufl. 2018): Der Baum der Erkenntnis: Die biologischen Wurzeln menschlichen Erkennens. Frankfurt am Main Fischer Taschenbuch Verlag.

⁵⁸ Parsons, T. (1951): The Social System. The Major Exposition of the Author's Conceptual Scheme for the Analysis of the Dynamics of the Social System. New York Macmillan Publishing. Darin u. a. „Types of Social Value Orientation" S. 104–112 und „Religion and Value-Integration" S. 163–166.

ständen oder Ereignissen [...] Da sich alles Handeln unter positive und unter negative Wertgesichtspunkte bringen lässt, folgt aus der Wertung nichts für die Richtigkeit des Handelns".[59] Genau das ist die Frage, die Rickert umtrieb, die Habermas umtreibt und die hier, in Bezug auf das Fundamentalproblem Geltung, im Mittelpunkt steht. Geltung taucht in dem fast siebenhundertseitigen Werk Luhmanns nur in zwei unwesentlichen Randbemerkungen auf.

Es erscheint mir als eine fast absurde Pointe der Philosophiegeschichte, dass Habermas' Theorie des kommunikativen Handelns[60] eine tiefgründigere, ja eigentlich die allgemeine Selbstorganisationstheorie sozialer Systeme darstellt. Er prüft im Rahmen dieser Theorie auf welche Weise moralische Gebote und Normen begründet werden können. Er erklärt: „Kommunikativ nenne ich die Interaktionen, in denen die Beteiligten ihre Handlungspläne einvernehmlich koordinieren; dabei bemisst sich das jeweils erzielte Einverständnis an der intersubjektiven Anerkennung von Geltungsansprüchen". Als Geltungsansprüche nennt er Wahrheitsansprüche, Richtigkeitsansprüche und Wahrhaftigkeitsansprüche je nachdem, ob sich die Ansprüche auf etwas in der objektiven Welt, auf etwas in der gemeinsamen sozialen Welt oder auf etwas in der eigenen subjektiven Welt beziehen.[61] Und er prüft in einem eigenen, sehr umfangreichen Band, welche Rolle Geltung in einer Welt von Fakten, Fakten, Fakten spielt.

Weil Jürgen Habermas so viel weiß, sind seine Bände in der Regel so voluminös. Das ist kein bisschen ironisch, eher bewundernd gemeint. Philosophie und Philosophie-

---

[59] Luhmann, N. (4. Aufl. 1991): Soziale Systeme. Grundriss einer allgemeinen Theorie. Frankfurt am Main Suhrkamp Taschenbuch Verlag. S. 433.
[60] Habermas, J. (1981): Theorie des kommunikativen Handelns (2 Bde.) Frankfurt am Main Suhrkamp Verlag.
[61] Habermas, J. (1983): Moralbewusstsein und kommunikatives Handeln. Frankfurt am Main Suhrkamp Taschenbuch Verlag S. 68.

geschichte, Systemtheorie und Kommunikationswissenschaften, Politik und Politikwissenschaften, Rechtswissenschaften, Ökonomie und Psychologie stehen ihm fast spielerisch zur Verfügung, ein Universalgenie. Das trifft auch für den Band „Faktizität und Geltung" zu. Wie der Recke Siegfried mit seinem Schwert Balmung schlägt der weltweit rezipierte Philosoph und Soziologe mit dem Schwert Geltung gangbare Pfade in das Dickicht der Wertegesellschaft.

Unübersehbar geht auch er vom Gedanken der Selbstorganisation sozialer Systeme und Prozesse aus. „Nach einem Jahrhundert, das uns wie kaum ein anderes die Schrecken existierender Unvernunft gelehrt hat, [...] bleibt aber die Moderne, die sich ihrer Kontingenzen bewusst geworden ist, auf eine prozedurale und d. h. auch: auf eine gegen sich selbst prozessierende Vernunft angewiesen."[62] Den normativen Kern künftiger emanzipierter Lebensformen sieht er in der „demokratischen Selbstorganisation einer Rechtsgemeinschaft"[63] und ist der Überzeugung: „Letztlich können die privaten Rechtssubjekte nicht in den Genuss gleicher subjektiver Freiheiten gelangen, wenn sie sich nicht selbst, in gemeinsamer Ausübung ihrer politischen Autonomie, über berechtigte Interessen und Maßstäbe klar werden und auf die relevanten Hinsichten einigen, unter denen Gleiches gleich und Ungleiches ungleich behandelt werden soll".[64] Habermas setzt an die Stelle der praktischen Vernunft die kommunikative, sich selbst organisierende Vernunft. Diese ermöglicht eine Orientierung an Geltungsansprüchen, die aus sachlicher Wahrheit, subjektiver Wahrhaftigkeit und werte- und normenbestimmter

---

[62] Habermas, J. (1992): Faktizität und Geltung. Beiträge zur Diskurstheorie des Rechts und des demokratischen Rechtsstaats. Frankfurt am Main Suhrkamp Verlag. S. 11.
[63] Ebenda, S. 12.
[64] Ebenda, S. 13.

Richtigkeit resultieren, gibt aber keine inhaltlich bestimmten Orientierungen für praktische Aufgaben vor.[65]

„Die Theorie des kommunikativen Handelns nimmt die Spannung zwischen Faktizität und Geltung schon in ihre Grundbegriffe auf."[66] Ich kann und will hier nicht diese Grundbegriffe im Einzelnen darlegen. Habermas stellt fest: „Die Welt als Inbegriff möglicher Tatsachen konstituiert sich nur für eine Interpretationsgemeinschaft, deren Angehörige sich innerhalb einer intersubjektiv geteilten Lebenswelt miteinander über etwas in der Welt verständigen. ‚Wirklich' ist, was sich in wahren Aussagen darstellen lässt, wobei sich ‚wahr' wiederum mit dem Anspruch erklären lässt, den einer gegenüber Anderen erhebt, indem er eine Aussage behauptet […] mit seiner Behauptung erhebt ein Sprecher den kritisierbaren Anspruch auf die Gültigkeit der behaupteten Aussage; und weil niemand über die Möglichkeit eines direkten Zugriffs auf uninterpretierte Geltungsbedingungen verfügt, muss ‚Gültigkeit' epistemisch [erkenntnistheoretisch, Anm. J.E.] verstanden werden als ‚*Geltung die sich für uns erweist*'."[67] Es wäre zu schön, wenn sich am Ende ein rational motiviertes Einverständnis der „Interpretationsgemeinschaft" bildete. Lebensweltlich kommen jedoch viel mehr Sprach- und Weltbezüge ins Spiel, Überzeugungen, Ängste, Hoffnungen, Vermutungen, welche die Spannungen zwischen Faktizität und Geltung weiter erhöhen. Jeder argumentiert mit einem mit Motiven und Werteorientierungen verknüpften Überzeugungskomplex.

Geltung, die sich für uns erweist, – das ist die endgültige Absage an irgendwelche religiös oder quasireligiös begründbaren oder aufgrund historisch-materialistischer Einsichten

---

[65] Ebenda, S. 21.
[66] Ebenda, S. 22.
[67] Ebenda, S. 29.

formulierbaren Gewissheiten von Wertezuschreibungen. In komplizierten, fehlbaren und oft sich fehlerimmunisierenden gemeinschaftlichen Interpretationsrunden werden Geltungen formuliert und durchgesetzt, wobei die absolut irrationalen Formen charismatischer oder faschistoider Geltungsbehauptungen noch nicht einmal berührt sind. Zusammengefasst bleibt festzuhalten, dass Habermas die klarste und überzeugendste Darstellung des Problems der Geltung von Wertungen liefert, wobei er klar macht, dass es eine objektive, absolute Geltung von Werten schon aufgrund ihrer kommunikativen Konstruktion nicht geben kann. Die Gewissheit der Ungewissheit, die allen selbstorganisierten Prozessen eigen ist[68] *tritt hier auch im umgekehrten Sinn auf: alle behauptete Geltung von Werten ist ungewiss, obgleich sie nicht zu umgehen ist. Wir müssen stets mit der Ungewissheit der Gewissheit von Geltung rechnen.*

---

[68] Pörksen, B. (Hrg.) (2018): Die Gewissheit der Ungewissheit: Gespräche zum Konstruktivismus. Heidelberg Carl Auer Verlag.

I – Das Interiorisationsproblem: Wie werden Werte verinnerlicht und gelebt?

Psychologie und Psychologismus

Wertetheorie ohne Psychologie bleibt leer. Wertepsychologie ohne Wertetheorie bleibt blind. In der Werttheorie reichen sich Psychologie und Philosophie die Hand. Diese bereits dargelegte Überzeugung hat all mein Nachdenken über Werte[1] und Werteverinnerlichung[2] getragen.

Nicht immer ist der Gedanke von der biopsychosozialen Einheit Mensch ein Schlüssel zum Verständnis biologischer, psychologischer oder sozialer Komplexität.[3] Es gibt jedoch auch sozialwissenschaftliche Probleme, die ohne einen sol-

---

[1] Erpenbeck, J. (Mitarbeit: Sauter, W., Einführung: Rescher, N.) (2018): Wertungen, Werte – Das Buch der Grundlagen für Bildung und Organisationsentwicklung. Berlin Springer Verlag.

[2] Erpenbeck, J., Sauter, W. (2022): Wertetraining. Praxis, Coaching, Übung und Bildung für die gezielte Werteentwicklung von Persönlichkeiten. Stuttgart Schäffer und Poeschel Verlag.

[3] Wessel, K.-F. (2021): Der ganze Mensch: Eine Einführung in die Humanontogenetik oder Die biopsychosoziale Einheit Mensch von der Konzeption bis zum Tode. Berlin Logos Verlag.

chen Gedanken schlicht und einfach nicht zu lösen sind. Dazu gehört das Interiorisationsproblem in der – in jeder – Wertetheorie. Neben dem Verständnis von Werten als Ordnern sozialer Selbstorganisation, dem Begreifen der Kosseleck-Kehre, das heißt der umbruchartigen Verschiebung des Wertehorizonts von der Vergangenheit in die Zukunft, sowie der Positionierung im Feld von Werteobjektivismus oder Wertesubjektivismus[4] gehört das Interiorisationsproblem zu den Fundamentalproblemen jeglichen Nachdenkens über Werte. Ob man davon ausgeht, dass Werte evolutionär entstanden oder offenbart und gestiftet wurden, ob man sie als Herrschaftsinstrumente oder als Seelenschatz betrachtet, ob man sie als logische oder psychologische Existenzbedingungen des sprechenden, fühlenden Menschen kennzeichnet: Es bleibt immer die Frage bestehen: *Wie kommen diese Werte ins Denken und Empfinden des einzelnen Menschen hinein, sodass er, zusammen mit anderen, gemäß solchen Werten handelt und oft genug bereit ist, diese Wertetreue mit dem Leben zu bezahlen? Wie werden Werte zu Eigenem, Innerem gemacht, wie werden sie verinnerlicht?*

Das ist eine Frage, die eigentlich jeden historisch sensiblen Menschen beschäftigen sollte. Nach zwei Weltkriegen und einem kalten Wertekrieg, nach den Gefährdungen von Menschenrechten und Demokratie, nach dem arabischen Frühling und dem Frühling von Reichsbürgern, Q-Anon-Verfechtern und Kapitolstürmern muss irritieren, wie solche Überzeugungen und Bewegungen immer wieder selbstorganisiert im Schoß der Gesellschaften entstehen, die Massen ergreifen und zu materieller Gewalt werden. Unfassbar! Von Nietzsche fassungslos in wunderbare Worte gefasst:

---

[4] *Werteobjektivismus* ist, so wurde ausgeführt, die Überzeugung, es existierten auf zu definierende Weise objektive Werte; *Wertesubjektivismus* basiert auf der Ansicht, Werte sind prinzipiell subjektive Projektionen des oder der jeweils Wertenden.

„Der Staat oder die organisierte Unmoralität – inwendig als Polizei, Strafrecht, Stände, Handel, Familie; auswendig: als Wille zur Macht, zum Kriege, zur Eroberung, zur Rache. Wie wird es erreicht, dass eine große Menge Dinge tut, zu denen der Einzelne sich nie verstehen würde? – Durch Zerteilung der Verantwortlichkeit, des Befehlens und der Ausführung. Durch Zwischenlegung der Tugenden des Gehorsams, der Pflicht, der Vaterlands- und Fürstenliebe. Durch Aufrechterhaltung des Stolzes, der Strenge, der Stärke, des Hasses, der Rache [...]".[5]

Gerade dies ist ein Fundamentalproblem jeder Wertetheorie: Wie werden sozial erarbeitete oder auch neu aufkommende Werte so von vielen Einzelnen verinnerlicht, zu individuell handlungsleitenden Emotionen und Motivationen, dass sie im Mittel sozial – dem Staat, dem Stand, der Familie, der (noch so obskuren) Bezugsgruppe – dienlich sind? Dieses Interiorisationsproblem hält Wertephilosophen, -soziologen und -pädagogen bis heute in Atem. Nietzsche erfasst die Ordnungsparameter der sozialen Selbstorganisation. Er begrüßt die ständige Umwertung aller Werte.

Andere überlegen stattdessen, wie überlieferte Werte – religiöse, politische, ethisch-moralische, sozial-weltanschaulich-politische, nationale, kulturelle, im Brauchtum verankerte – erhalten, wiedererweckt oder neu formiert werden können. Aber auch wenn sie diese Werte hervorragend philosophisch systematisiert und begründet haben, kommen sie an der Frage nicht vorbei: Wie lassen sich solche Werte im Denken und vor allem Fühlen der Menschen so verankern, dass sie real handlungsleitend werden?

Nicht interiorisierte Werte sind wertlos.

Das aber ist eine Frage, die ohne Psychologie, ohne Rückgriffe auf jeweils bekannte psychologische Erkennt-

---

[5] Nietzsche, F. (1980): a. a. O. S. 635.

nisse und Theorien oder zumindest auf Annahmen und Einsichten einer Alltagspsychologie nicht zu beantworten ist. So kommt es zur „psychologischen Lücke" der meisten tradierten Wertetheorien, so gegensätzlich sie ansonsten daherkommen. Darauf gehe ich sogleich ein.

Zuvor möchte ich mich aber mit einem Vorwurf auseinandersetzen, der mir, vor allem von Edmund Husserl und Heinrich Rickert, aus dem Wertehimmel herabgerufen, entgegen schallt: Dem *Vorwurf des Psychologismus*.

Um ihn historisch gerecht einzuordnen, muss man sich die Situation der Philosophie, der Philosophen in der zweiten Hälfte des 19. Jahrhunderts vergegenwärtigen. Die modernen Natur-, Human- und Gesellschaftswissenschaften überrollten viele philosophische Gedankengebäude. Sie erklärten Raum, Zeit, Kausalität und Gesetz auf neue Weise. Sie interpretierten biologische und menschlich-natürliche Entwicklung im Licht des Darwinismus neu. Sie interpretierten die menschlich-gesellschaftliche Entwicklung neu im Licht der entstehenden Soziologie und der Sozialwissenschaften von Ferdinand Tönnies über Max Weber bis zu Karl Marx und Friedrich Engels.

1879 gründete Wilhelm Wundt (1832–1920) an der Universität Leipzig das erste Institut für experimentelle Psychologie mit einem systematischen Forschungsprogramm, das sich von der *Psychophysik* der Sinnesempfindungen, der Aufmerksamkeit und des Bewusstseins[6] über *Psychophysiologie* der Emotionen und Neuropsychologie bis hin zu einer *Kulturpsychologie* (Völkerpsychologie) erstreckte. Letztere enthielt natürlich viele wertephilosophische Aspekte. Die Philosophen, insbesondere die des Südwestdeutschen Kantianismus, empfanden jedoch das naturwissenschaftlich argumentierende Vorgehen der

---

[6] Erpenbeck, J. (1984): Erkenntnistheorie und Psychophysik kognitiver Prozesse. Dissertation Berlin Humboldt-Universität.

neuen, modernen experimentellen Psychologie als massiven Affront. Sie waren bestrebt, ihr Forschungsgebiet genau abzugrenzen, zu dem die neue Denkweise keinen und niemals Zugang hat. Am deutlichsten hat das Edmund Husserl vorgetragen und durchgesetzt.

Zuvor, schon 1878/1879, gab es einen „Epocheneinschnitt in der philosophischen Entwicklung" die man als „idealistische Wende" kennzeichnen kann: Eine Distanzierung von jeglicher Erkenntnispsychologie und eine Neuformierung der Philosophie als Wertewissenschaft, praktischer Philosophie und entschieden kantisch-kritizistischer Erkenntnistheorie. Viele Philosophen bekennen sich zu der Überzeugung einer „von allem Natürlichen verschiedenen Welt der Werthe", zu einer neuen Metaphysik der Werte, Pflichten, Normen und Grundsätze, die durch einen unüberbrückbaren Graben von der Welt der Natur, dem natürlichen, trieb- und bedürfnisbestimmten, dem egoistischen und eigenwilligen Individuum geschieden und gegen diese geschützt werden.[7]

Der *Widerlegung des Psychologismus* hat Edmund Husserl einen beträchtlichen Teil seiner Überlegungen gewidmet. Der Herausgeber der fast fünfzigseitigen „Widerlegung des Psychologismus",[8] Klaus Held, führt ein für uns Heutige schlagendes Beispiel ein, das die antipsychologistische Haltung einleuchtend illustriert. Der Psychologismus versuche, die Frage nach dem richtigen Denken durch eine naturwissenschaftlich-empirische Beschreibung der neurophysiologischen Abläufe beim Denken zu beantworten.

---

[7] Schmidt, N.D. (1995): Philosophie und Psychologie: Trennungsgeschichte, Dogmen und Perspektiven. Reinbeck bei Hamburg Rowohlt Taschenbuch Verlag. S. 87; mit Bezugnahme auf Köhnke, K. C. (1986): Entstehung und Aufstieg des Neukantianismus. Die deutsche Universitätsphilosophie zwischen Idealismus und Positivismus. Frankfurt am Main Suhrkamp Verlag.

[8] Husserl, E. (1985): Die Phänomenologische Methode. Ausgewählte Texte I. Stuttgart Verlag Philipp Reclam jr. S. 53–97.

Das aber wäre so, als wolle man die Ergebnisse eines Computers (Husserl benutzte das Beispiel einer mechanischen Rechenmaschine) auf das Funktionieren der Software (beziehungsweise der Mechanik) zurückführen. Deren physikalischen oder elektronischen Abläufe haben aber mit den verarbeiteten Zeichenketten gar nichts zu tun! *Die Hirnforschung führt zu keinen Denkgesetzen, die uns anzeigen, wie man Probleme löst.* Die Streitfrage, ob die wesentlichen theoretischen Fundamente der normativen Logik in der Psychologie liegen, beantworten wir auch heute mit einem klaren Nein.

Eine ganz andere Frage ist es, ob man die Entstehung und Funktion von Wertungen, von Werten völlig außerhalb von Biologie und Psychologie behandeln kann und muss. So wie es eine evolutionäre Erkenntnistheorie gibt[9] hat auch eine evolutionäre Wertetheorie ihre Berechtigung. Sie untersucht die biopsychosozialen Voraussetzungen und Formen des tierischen und menschlichen Vermögens, Dinge, Eigenschaften, Relationen, Prozesse zu werten.[10] Das hat nichts mit Psychologismus zu tun. Auch die Beschreibung, wie Werte von einzelnen Menschen und Gruppen so angeeignet werden, dass sie Bestandteil von deren Emotionen und Motivationen werden, hat nichts mit Psychologismus oder Soziologismus zu tun.

Die philosophische wie auch die einzelwissenschaftliche Werteforschung ist gezwungen, auf entsprechende tiefenpsychologische, individualpsychologische, gruppenpsycho-

---

[9] Vollmer, G. (2023): Evolutionäre Erkenntnistheorie: Angeborene Erkenntnisstrukturen im Kontext von Biologie, Psychologie, Linguistik, Philosophie und Wissenschaftstheorie. Leipzig S. Hirzel Verlag; Irrgang, B. (2001): Lehrbuch der Evolutionären Erkenntnistheorie: Evolution, Selbstorganisation, Kognition. Basel Reinhardt Verlag.

[10] Mohr, H. (2014): Evolutionäre Ethik. Heidelberg Springer Spektrum Verlag; Vollmer, G. (1995): Biophilosophie. Darin: Sein und Sollen: Möglichkeiten und Grenzen einer evolutionären Ethik. Stuttgart Verlag Philipp Reclam jr. S. 16–192.

logische und weitere sozialpsychologische Erkenntnisse zurückzugreifen, um die Aneignung, die Verinnerlichung, die Interiorisation von Werten zu verstehen. Tatsächlich finden sich auch in den abgehobensten philosophischen Wertetheorien Versuche, das Interiorisationsproblem unter Einbeziehung von alltagspsychologischen Beispielen oder zeitgenössischen einzelwissenschaftlichen Erkenntnissen anzugehen.

Die psychologische Lücke in historischen Wertetheorien

Ich werde versuchen, diese Behauptung mit einer Durchsicht wichtiger historischer Wertetheorien zu belegen. Danach werde ich einige Beispiele – aus Psychotherapie, Gruppendynamik und Motivationsforschung – zusammentragen, in denen das Fundamentalproblem Werteinteriorisation ganz praktisch eine Rolle spielt. Schließlich möchte ich durch den Blick auf gängiges Wertetraining zeigen, wie sich die Werteverinnerlichung in einem systematisch angesetzten Rahmen gestaltet.

Meine historische und systematische Betrachtung von Wertungen und Werten, eine Tour d'Horizon[11] zum Thema, enthält die vielleicht umfassendste Skizze zur Geschichte der Wertetheorien. Sie verweist durchgehend auf die „psychologische Lücke".[12] Daran knüpfe ich im Folgenden an.

Die Analyse geht von den begründend-gründenden Ansätzen von Hermann Lotze (1817–1881) und Friedrich Nietzsche (1844–1900) aus, verweist auf den einfluss-

---

[11] Rescher, N. (2018): Geleitwort. In: Erpenbeck, J.: Wertungen, Werte – Das Buch der Grundlagen für Bildung und Organisationsentwicklung. Heidelberg Springer Verlag. S. V–VI.

[12] Erpenbeck, J. (2018): Wertungen, Werte – Das Buch der Grundlagen für Bildung und Organisationsentwicklung. Heidelberg Springer Verlag. S. 25–98.

reichen Lehrer Franz Brentano (1838–1917) und seine Schüler, den deutschen Werteobjektivisten Edmund Husserl (1859–1938) und die österreichischen Wertesubjektivisten Alexius Ritter von Meinong (1853–1920) und Christian von Ehrenfels (1859–1932), um schließlich zu dem vielleicht wirkungsmächtigsten Wertetheoretiker Max Scheler (1874–1928) zu gelangen. Das Haupt der südwestdeutschen Schule des Neukantianismus und seiner Wertephilosophie Heinrich Rickert (1863–1936) und der an Psychologie und Biologie direkt anknüpfende Viktor Kraft (1880–1975), die drei wichtigen englischsprachigen Wertetheoretiker George Edward Moore (1873–1958), Charles Sanders Peirce (1839–1914) und vor allem John Dewey (1859–1951) dürfen nicht fehlen. Erich Heyde (1892–1926) und August Messer (1867–1937) lieferten, wie bereits betont, die wichtigsten resümierenden Darstellungen bis zur Zeit vor dem 2. Weltkrieg. Auch wertetheoretische Positionen nach 1945 bis hin zu neueren und neuesten Entwicklungen lassen sich unter dem Gesichtspunkt der „psychologischen Lücke" abklopfen.

Hermann Lotze meinte, dem Verstand als Erkenntnisorgan der in der Erfahrung gegebenen Wirklichkeit sei das Gefühl als das Organ für die Werteerkenntnis beigeordnet. Habe die Wissenschaft die Wirklichkeit kausal zu erklären, so habe die Philosophie ihren Wert zu deuten. Philosophie wird als Wertedeutung begriffen.[13] Man kann danach die Wirklichkeit einer Welt des Werdens und Vergehens nur unter dem Gesichtspunkt des Handelns in ihr, und damit nur unter dem Gesichtspunkt der bewerteten Zwecke begreifen.[14] Es geht Lotze um „[...] die ständige Wiederverinnerlichung all dieses Äußerlichen zu dem, was in der Welt

---

[13] Lotze, Hermann (1841/1883): Grundzüge der Metaphysik, Dictate aus den Vorlesungen. Leipzig S. Hirzel Verlag.
[14] Ebenda, Bd. 3, S. 44.

allein Wert hat und Wahrheit",[15] also um die Interiorisation von Werten. Wie diese Wiederverinnerlichung stattfindet, wird jedoch überhaupt nicht erörtert.

Bei *Friedrich Nietzsche* finden sich manche von Lotzes Erkenntnissen pointiert und tief durchdacht wieder. Seine Behauptung von der Umwertung aller Werte wurde Zeitgeist und Schlagwort und wirkt weiter – bis heute. Bei jedem gravierenden Wertewandel wird sie zitiert. Immer wieder streift Nietzsche die biopsychologischen Grundlagen der Werteinteriorisation, etwa, wenn er feststellt: „Der Sieg eines moralischen Ideals wird durch dieselben ‚unmoralischen' Mittel errungen wie jeder Sieg: Gewalt, Lüge, Verleumdung, Ungerechtigkeit".[16] Insofern sei die Moral selbst ein „Spezialfall der Unmoralität"[17]. Nietzsche sieht die Geschichte von einem selbstorganisativen Prozess angetrieben, den er als „Wille zur Macht" kennzeichnet. Eben weil es sich um Selbstorganisation handelt, ist das Ziel nicht absehbar, die Zukunft offen. Alles, was bisher Moral und Glaube war, hatte aber die Funktion, genau diese Selbstorganisation zu unterlaufen, die Gegenwart zu stabilisieren, den Status quo zu konservieren, nicht auf die Zukunftserwartung, sondern auf die vergangene Erfahrung zu blicken: „Von den Werten aus, die dem Seienden beigelegt werden, stammt die Verurteilung und Unzufriedenheit im Werdenden: nachdem eine solche Welt des Seins erst erfunden war".[18] Vom „Sein zum Werden" soll also die neue Werteanschauung gehen, zu den „Wertgefühlen des Lebens".[19] Tatsächlich sind bei ihm Werte nur Inseln einer relativen Stabilität im Werden; der einzige absolute Wert

---

[15] Ebenda.
[16] Nietzsche, F. (1980): Aus dem Nachlass der Achtzigerjahre. In: ders.: Werke in sechs Bänden, Bd. 6. München, Wien Hanser Verlag. S. 887.
[17] Ebd., S. 773.
[18] Ebd., S. 895.
[19] Ebd., S. 736.

ist, wenn man so will, der Wert des Werdens selbst.[20] Alle Subjekte innerhalb dieses Werdens, Individuen, Gruppen, Staaten und so weiter sind bestrebt, ihre relative Stabilität zu erhalten und auszubauen. Folglich müssen sie Methoden finden, Werte für einige Zeit, für Generationen, unter Umständen auch für eine kleine menschliche Ewigkeit stabil zu halten. Das geschieht unter anderem mithilfe von Werteerziehung und Normensanktionierung.

Stellvertretend möchte ich im Folgenden einige Ansätze, welche die drei prinzipiell unterschiedlichen Zugänge zum Werteproblem – Wertesubjektivismus, Werteobjektivismus, Werteevolutionismus – repräsentieren, auf ihre Bezüge zum Interiorisationsproblem abklopfen.

Wertesubjektivismus ist überzeugt, dass man, wenn man meint, etwas *hat* einen Wert oder etwas *ist* ein Wert, immer von einem Beziehungsbegriff zwischen Subjekt und Objekt ausgeht, wobei Subjekte Individuen, aber auch Gruppen, Institutionen, Staaten sein können. Wegen der Betonung des Subjekts, ohne das es keine Wertung und damit keinen Wert gäbe, spricht man deshalb zurecht von Wertesubjektivismus.

Werteobjektivismus oder *Werterealismus* bezeichnen entweder den Gegenstand des Wertens, das Werteobjekt, als Wert, oder sie meinen, es gäbe Werte als an sich seiende, ideale, also nicht „wirkliche" Gegenstände. Sie müssen dann ein ideenhaftes Werteerfühlen annehmen, um die Interiorisation irgendwie zu berücksichtigen.

Werteevolutionismus stellt die Funktionen und die historische Entwicklung von Werten im sozialen Leben und im individuellen Handeln in den Mittelpunkt und schlägt vor, Interiorisationsprozesse mit wissenschaftlichen Methoden

---

[20] Ebd., S. 684.

zu untersuchen und daraus philosophische Verallgemeinerungen zu gewinnen.[21]

Alle drei, Wertesubjektivismus, Werteobjektivismus und Werteevolutionismus, stellen Versuche dar, die unerbittliche Umwertung aller Werte zu unterlaufen: entweder indem man die Relativität aller Werte von vornherein anerkennt oder indem man Stabilitätsinseln im Wertemeer, angelehnt an uralte Wertehierarchien, sucht oder indem man sozial- und sogar naturwissenschaftliche Methoden in die Werteerklärung einbringt.

Franz Brentano (1838–1917), Empiriker und Gottsucher, ein Zeitgenosse des berühmten Experimentalpsychologen Wilhelm Wundt, entwickelt seine *Psychologie vom empirischen Standpunkt* unter der Überzeugung, dass die Quelle psychologischer Erfahrung die innere Wahrnehmung sei, die er als grundverschieden von der Wahrnehmung der äußeren Welt, wie beispielsweise in den Naturwissenschaften, ansieht. Darunter versteht er aber nicht so etwas wie „innere Beobachtung", sondern „seelische Akte", als deren grundsätzliches Charakteristikum er deren Gerichtetheit, ihre Intentionalität kennzeichnet: „Der gemeinsame Charakterzug alles Psychischen besteht in dem, was man häufig mit einem leider sehr missverständlichen Ausdruck Bewusstsein genannt hat, d. h. in einem subjektischen Verhalten, in einer, wie man sie bezeichnete, intentionalen Beziehung zu etwas, was vielleicht nicht wirklich, aber doch innerlich gegenständlich gegeben ist. Kein Hören ohne Gehörtes, kein Glauben ohne Geglaubtes, kein Hoffen ohne Gehofftes, kein Streben ohne Erstrebtes,

---

[21] Zur Methode philosophischer Verallgemeinerung vgl. Hörz, H. (1974): Der dialektische Determinismus in Natur und Gesellschaft. Berlin Deutscher Verlag der Wissenschaften; Erpenbeck, J., Hörz, H. (1977): Philosophie contra Naturwissenschaft? Berlin Deutscher Verlag der Wissenschaften; Hörz, H., Wessel, K.-F. (Hrg.) (1985): Philosophie und Naturwissenschaften. Lehrbuch. Berlin Deutscher Verlag der Wissenschaften.

keine Freude ohne etwas, worüber man sich freut, und so im übrigen."[22] Bei ihm ergeben sich daraus drei Grundklassen psychischer Phänomene: Vorstellungen, Urteile und Gemütsbewegungen. *Gemütsbewegungen* reichen bei ihm von der bloßen Anziehung oder Abstoßung, Gefallen oder Missfallen, Liebe oder Hass bis zur komplizierten Wahl von Zwecken und Mitteln. Es handelt sich also um eine emotionale Wertung des Objekts als erwünscht oder unerwünscht.[23] Die „psychologische Lücke" ist also durch eine breit angelegte eigene Psychologie gefüllt. Die Charakterisierung von Emotionen als Wertungen ist eine bleibende Einsicht, die für das Verständnis der Interiorisation von Werten eine zentrale Rolle spielt. Empfindungen, Begriffe, Vorstellungen kann man nicht gut richtig oder unrichtig nennen. Urteile werden hingegen von der Logik seit alters her als richtig oder unrichtig eingeschätzt. Brentanos Aufbau einer eigenen Ethik im „Neuen Versuch, die Ethik zu begründen"[24] ist objektivistisch wie subjektivistisch deutbar. Seine direkten Nachfolger und Schüler argumentieren in beide Richtungen. Brentanos Wertephilosophie wurde insbesondere von drei seiner Schüler weitergeführt: von Edmund Husserl, Alexius Ritter von Meinong und Christian von Ehrenfels.

Edmund Husserl (1859–1938) übernimmt in der Zeit, in der seine „Logische[n] Untersuchungen", die auf erkenntnistheoretischem Gebiet bereits den fundamentalen Durchbruch zur sogenannten Phänomenologie signalisieren, in seinen Vorlesungen zur Ethik weitgehend Grundpositionen Brentanos, gründet Ethik auf wertende Gefühle, und sucht nach einem Weg, trotzdem ethischen Relativis-

---

[22] Brentano, F. (1889/1955): Vom Ursprung sittlicher Erkenntnis. Hamburg Meiner Verlag. S. 16.
[23] Ebenda, S. 16 f.
[24] Ebenda, S. 134.

mus und Skeptizismus zu vermeiden. Da er aber, wie gezeigt, scharf jeden Psychologismus ablehnt, gelingt es ihm nicht, zum Interiorisationsproblem vorzudringen. Er lehnt eine Rückführung der Ethik auf Erfahrungsprinzipien ab. Sein Antipsychologismus – der Kampf gegen den Versuch, logische Gesetze aus psychologischen Einsichten abzuleiten – ist in Bezug auf Ethik und Wertelehre mehr als fragwürdig. Wertetheorie ist sicher nicht durch Psychologie begründbar oder gar auf sie reduzierbar, aber sie ist wahrscheinlich auch nicht ohne Rückgriff auf psychologische – und sozialhistorische – Einsichten weiterzuentwickeln, eine „psychologische Lücke" bleibt.

Alexius Ritter von Meinong (1853–1920), Psychologe, Philosoph und Wertetheoretiker, beschreitet in mancher Hinsicht vergleichbare Denkwege wie Edmund Husserl. Er findet dennoch, ähnlich wie Christian von Ehrenfels, viel weniger philosophiegeschichtliche Erwähnung. Das mag, wenn man die Wirkung von Husserl bedenkt, durchaus richtig sein – in Bezug auf die Wertephilosophie ist es mit Sicherheit falsch. Hier führen Husserls Beiträge nur in wenigen Punkten über Brentano hinaus, während seine österreichischen Zeitgenossen auf diesem Feld beträchtliche Neuerungen vorschlugen. Meinong hat in seinem Werk „Zur Grundlegung der allgemeinen Werttheorie" (1923) eine tiefgehende Analyse vorgenommen. Er betont gegen jeglichen dogmatischen Werteobjektivismus den persönlichen Wert[25]: „Das Werterlebnis muss ganz wesentlich emotionaler Natur sein [...] Diese emotionale Natur darf unbedenklich sämtlichen Werterlebnissen ohne Ausnahme nachgesagt werden".[26] Gegen den Vorwurf des Psychologismus setzt er sich mit einer eigenen Arbeit zur Wehr, in der

---

[25] Meinong, A. (1923): Zur Grundlegung der allgemeinen Werttheorie. Graz Leuschner und Lubensky.
[26] Ebenda, S. 35.

er *für die Psychologie und gegen den Psychologismus in der Werttheorie* streitet.[27] Besonders interessant sind seine Überlegungen zur Vermittlung von Wertehaltungen. Klar benennt Meinong das Problem der Wertevermittlung und weist seine psychologische Analyse der Emotions- und Motivationspsychologie zu.

Christian von Ehrenfels (1859–1932) ist der vielleicht modernste Wertetheoretiker der österreichischen Schule. Seine vielen und umfangreichen Arbeiten zur Werttheorie nehmen nicht nur Gedanken seiner Lehrer Brentano und Meinong auf, sie führen in wesentlichen Momenten darüber hinaus – bis ins Heute. 1896 gelingt ihm beispielhaft die Verknüpfung zwischen Wert und Motivation, die sich in Untersuchungen zum Zusammenhang von Ethik, Gefühl und Wert, zum Charakter von „Wertgefühlen" fortsetzt. Höhepunkt seiner wertetheoretischen Bemühungen ist zweifellos das zweibändige „System der Werttheorie" von 1897 bis 1898.[28] Auch er misst der Psychologie eine wichtige Rolle bei der Erklärung des Wertens und der Werte zu und betont insbesondere die emotional-motivationale Sphäre. Er betrachtet nicht nur ethisch-moralische Wertungen, sondern auch Genuss- und Nutzenwertungen sowie sozial-weltanschaulich-politische Wertungen: „[Es muss] als erster Satz festgehalten werden, dass aller Wertbegriff relativ ist und nichts anderes als die Beziehung eines Dinges zu den emotionalen Funktionen der menschlichen Psyche ausdrückt".[29] Er versucht, das kulturelle Nebeneinander-Existieren ganz unterschiedlicher Werte und Wertesysteme zu erklären, wobei er die Beschreibung der individuellen Aneignung (Interiorisation) und der Kommunikation (Ex-

---

[27] Meinong, A. (1912): Für die Psychologie und gegen den Psychologismus in der Wertetheorie. Logos 3(1). S. 1–14.
[28] Von Ehrenfels, C. (1982): Philosophische Schriften. Band I. Werttheorie. München Philosophia Verlag.
[29] Ebenda, S. 30 f.

teriorisation) von Werten zu einem Dreh- und Angelpunkt der Betrachtung macht. Aufgrund seiner eindeutigen Stellungnahme gegen jeden Werteobjektivismus und gegründet auf einen eigenständigen Werteevolutionismus wird Ehrenfels dazu geführt, die vielleicht genaueste, auf jeden Fall aber umfangreichste Theorie der Werteentwicklung und Werteinteriorisation vorzustellen.[30]

Max Scheler (1874–1928), der nach Nietzsche vielleicht wirkungsmächtigste Wertephilosoph, verfocht mit gleicher Schärfe, in der Christian von Ehrenfels Wertesubjektivismus und -relativismus forderte, den Werteobjektivismus. Seine berühmte Arbeit „Der Formalismus in der Ethik und die materiale Wertethik" von 1916 liest sich wie ein grundsätzlicher Gegenentwurf, obwohl bei ihm wie bei Ehrenfels viele der Grundgedanken letztlich auf Franz Brentano zurückgehen. Die Erstauflage des Buchs erschien 1916, mitten im 1. Weltkrieg, die zweite 1921 – wahrlich eine Periode der „Umwertung aller Werte".[31] Nicht zufällig heißt dann auch eine andere bedeutende Arbeit Schelers *Vom Umsturz der Werte* (1919). Es geht Max Scheler um die Wiedererrichtung einer objektiven Werteordnung, um ein Zurückdrängen relativistischer und subjektivistischer ethischer Lehrmeinungen, um die Betonung eines „[...] individual und objektiv gültigen Guten".[32] Er will einen Halt in Zeiten einer ungeheuren Werte- und Herzensunordnung bieten und zugleich der Vermassung entgegenwirken. Eine solche objektive Werteordnung erfordert natürlich, dass sie auch von den Individuen akzeptiert und interiorisiert wird. Das kann nur geschehen, wenn „[...] alle Sorge für die Ge-

---

[30] Ebenda, S. 44.
[31] Scheler, M. (6. Aufl. 1980): Der Formalismus in der Ethik und die materiale Wertethik. Neuer Versuch der Grundlegung eines ethischen Personalismus. 6. Aufl. Bern, München Francke Verlag. S. 14 f.
[32] Scheler, M. (1919): Vom Umsturz der Werte. Leipzig Verlag Der neue Geist. S. 15.

meinschaft und ihre Formen in das lebendige Zentrum der individuellen Person eines jeden selbst mithineinversetzt […]"[33] wird – wie Scheler seinen Zugang zum Interiorisationsproblem beschreibt. Es gelingt ihm aber nicht, die Rolle des Emotionalen bei der Vermittlung von Werten, bei der Gewinnung sozial übereinstimmender Einstellungen als Voraussetzung sozialen Handelns zu erfassen, es bleibt bei wenig plausiblen Einzelbeispielen. Die „psychologische Lücke" tut sich weit auf.

Heinrich John Rickert (1863–1936) macht Kant zum ersten und eigentlichen Wertphilosophen und damit zum Kronzeugen der eigenen Umdeutung letztlich *aller* Philosophie zu Wertephilosophie. Darauf bin ich bereits eingegangen. Ich belasse es hier bei Anmerkungen zur Interiorisationsproblematik. Rickert baut eine Position auf, die Wertesubjektivismus und Werteobjektivismus gleichermaßen verneint und Werte jenseits von Subjekt und Objekt sucht. Dabei hat Philosophie freilich niemals Gebote oder Normen für das praktische Leben zu setzen: „Prophetentum ist nicht Philosophie"![34] Rickert kann sich nicht vorstellen, dass Selbstorganisationsprozesse, wie sie das soziale Leben darstellen, Werte als Ordnungsparameter, als „Ordner" *selbst* hervorbringen, die nicht auf Wertungen der Individuen reduzierbar sind. Insofern hat Rickert Recht, psychische Wertungen und Werte nicht zum Ausgangspunkt zu nehmen. Doch entwickelt er eine fragwürdige Systematik, deren Ungereimtheiten oft und heftig widersprochen wurde.[35] Da er die Aneignung von Werten nicht einbezieht und nicht einbeziehen kann,

---

[33] Ebenda, S. 15.

[34] Rickert, H. (1921): Allgemeine Grundlegung der Philosophie. Tübingen Verlag J. C. B. Mohr. S. 27.

[35] Ziehen, T. (1920): Lehrbuch der Logik auf positivistischer Grundlage mit Berücksichtigung der Geschichte der Logik. Bonn A. Marcus und E. Webers Verlag. S. 191 f.

klafft die „psychologische Lücke" bei ihm weiter als bei vielen seiner philosophierenden Zeitgenossen.

Viktor Kraft (1880–1975) geht dagegen einen konstruktiven Schritt in Richtung einer wissenschaftsorientierten – psychologische, historische und sozialfunktionale Einsichten philosophisch verallgemeinernden – Wertetheorie. Seine wissenschaftsnahe Position findet sich in den „Grundlagen einer wissenschaftlichen Wertlehre". Er versucht Erkenntnisse historischer, soziologischer, psychologischer Untersuchung der Wertungen sowie die Kulturgeschichte der Wertungen zur Grundlage zu machen. Werte konstituieren sich lediglich aufgrund von Werteerlebnissen, und diese lassen sich „[…] auch empirisch, psychologisch und soziologisch untersuchen".[36] Damit bezieht er weitestgehend die „psychologische Lücke" in seine Überlegungen ein, ja er verweist auf einzelwissenschaftliche Möglichkeiten, sie zu schließen: „Der Wertcharakter kann nur noch durch eine psychologische Analyse aufgehellt werden. Es ist zu untersuchen, auf welche Weise Auszeichnung zustande kommt, wodurch sie anderen Phänomenen verwandt ist und wodurch sie sich von diesen unterscheidet und abgrenzt".[37] Kraft findet die psychologischen Quellen der „Auszeichnung" und Interiorisation sowohl in Lust-Unlust-Prozessen, in emotionalen Prozessen, in Prozessen der Triebbefriedigung und der Begehrensbefriedigung, als auch in Gewohnheiten, gedanklichen (sachlichen, logischen) Vorgehensweisen, schließlich in Prozessen der „Auszeichnungsübernahme" z. B. durch Suggestion und Nachahmung. Er sagt, Werteveränderung und -entwicklung erfordere deshalb, um sozial wirksam zu werden, stets eine Modifikation dieser Verankerung, also der individuellen

---

[36] Kraft, V. (1951): Grundlagen einer wissenschaftlichen Wertlehre. Wien Springer Verlag. S. 8.
[37] Ebenda, S. 28.

Emotionen und Motivationen. Die Prozesse der individuellen Wertemodifikation könnten und müssten wohl *stets* mit Mitteln der Psychologie erfasst werden.

Entwickelte sich die klassische deutschsprachige Wertephilosophie weitgehend unabhängig von anglo-amerikanischen Einflüssen, so kehrte sich das Abhängigkeitsverhältnis in den sechziger Jahren des 20. Jahrhunderts fast vollständig um. Charles Sanders Peirce (1839–1914), John Dewey (1859–1925) und George Edward Moore (1873–1958) werden zu Bezugsdenkern. Vor allem Dewey zeigt, dass es nie feste und unveränderliche moralische, ästhetische, soziale, politische Werte gab und geben wird, sondern dass sie erst im Handeln, im Verlauf des Gewinns vielfältiger Erfahrungen als Gegenstände und Prozesse innerer Werte entdeckt und geschaffen werden. Er geht von einer irreduziblen Pluralität von Moral- und anderen Wertekriterien aus. Dabei gilt den Zusammenhängen von Werten und menschlicher Natur, die er mit behavioristischen Modellen zu erfassen bemüht ist[38] seine ganze Aufmerksamkeit[39]. Er füllte also die „psychologische Lücke" mit behavioristischer Psychologie.

Den genannten deutschsprachigen Philosophen lassen sich weitere Denker zuordnen. Jeder hat seinen eigenen Blick auf die Interiorisationsproblematik.[40]

Die Entwicklungen nach 1945 und die entsprechenden Interiorisationsvorstellungen lassen sich kaum noch an

---

[38] Morris, D. (1996): Dewey and Behavioristic Context of Ethics. San Francisco, London Bethseda Verlag.

[39] Dewey, J. (1994): The Moral Writings of John Dewey. Amerhearst, N.Y. Prometheus Verlag; hierin besonders Deweys Essays: Value and Nature; Human Nature and Value; Value and Intelligence.

[40] Zusammengefasst in: Erpenbeck, J. (2021): Werteinteriorisation – die biologisch-psychologische Lücke bekannter Wertetheorien. In: Diesner, T., Hummel, R. Ketting, M., Scupin, O. (Hrg.): Das Konzept des Biopsychosozialen im gegenwärtigen Wissenschaftsdiskurs: Festschrift anlässlich des 85. Geburtstages von Karl-Friedrich Wessel. Berlin Logos Verlag.

einzelnen Wertetheorien und Wertetheoretikern festmachen. Wertephilosophie wird Krisenphilosophie, Werteforschung wird Krisenforschung. Im Mittelpunkt:

- die Identitätskrise nach der faschistischen Barbarei,
- die Emanzipationskrise der Subjekt- und Individualitätswerdung in den sechziger und siebziger Jahren,
- die bis heute anhaltende Akzeptanzkrise moderner technischer, wissenschaftlicher und politischer Entwicklungen,
- die allgegenwärtige Globalisierungs- und Klimakrise.

Fragen der Werteinteriorisation wurden unter Schlagworten wie Werterfahrung, Wertballung, Wertaneignung, Wertakzeptanz, Werteinsicht, Wertänderung, Wertbewusstsein, Werthaltung, Werteinstellung, Werterfüllung, Wertverinnerlichung, Wertglaube abgehandelt. Die soziologisch orientierte Werteforschung des Ronald Inglehart[41] ebenso wie die vieler deutscher Wissenschaftler wie Helmut Klages, Thomas Gensicke, Willi Herbert, Peter Kmieciak und anderer erfassten Wertewandelsprozesse empirisch soziologisch.[42] Im Jahr 2000 spitzte der durch sein Buch „Kampf der Kulturen" bekannte Samuel Huntington seine Thesen auf die Wertethematik zu: „Streit um Werte. Wie Kulturen den Fortschritt prägen".[43]

Die bis heute anhaltende Akzeptanzkrise moderner technischer, wissenschaftlicher und politischer Entwicklungen und die Globalisierungs- und Klimakrise zeigen die Unverzichtbarkeit von Wertetheorie und Werteforschung in großem Maß-

---

[41] Inglehart, R. (1977): The Silent Revolution. Changing Values and Political Styles Along Western Publics. Princeton, Princeton University Press.
[42] Klages, H. (1988): Wertedynamik. Über die Wandelbarkeit des Selbstverständlichen. Zürich Edition Interfrom. S. 21 f.
[43] Huntington, S. P., Harrison, L. E. (Hrsg.) (2000): Streit um Werte. Wie Kulturen den Fortschritt prägen. Hamburg, Wien Europa Verlag.

stab. Wertephilosophie, Wertetheorie und Werteforschung haben den politisch-kulturellen Olymp erobert. Auf welche Weise fragwürdigen Wertevorstellungen entgegenzutreten sei, wird zu einer Überlebensfrage sich demokratisch verstehender Gesellschaften. Dabei wirken zwei Grundanschauungen erbittert gegeneinander. Der wissensgesellschaftliche Aufklärungsansatz ist nach wie vor überzeugt, dass gesicherte – vor allem wissenschaftliche – Erkenntnisse, Evidenz- und Plausibilitätsargumente letztlich überzeugen und den Sieg davon tragen.[44] *Der wertegesellschaftliche Interiorisationsansatz geht davon aus, dass vielen sich selbstorganisativ herausbildenden Wertehaltungen kaum mit Vernunftargumenten beizukommen ist und dass man um den scheinbar aufwendigeren, aber nachweisbar wirkungsvolleren Weg echter psychologischer Interiorisation nicht herumkommt. Das setzt voraus, Prozesse emotionaler Dissonanzbildung und Labilisierung zu wirkungsvoller Beeinflussung und Überzeugung einzusetzen, emotional bewegende nationale wie internationale, historische wie aktuelle Narrative zu akzeptieren und zu nutzen, dem Charisma von politischen und wirtschaftlichen Führungskräften eine sehr hohe Bedeutung zuzumessen und Macht nicht nur funktional sondern auch emotional zu verstehen.*

Modelle der Werteverinnerlichung

„[…] Besonders aber ängstigte mich ein Schwindel, der mich jedesmal befiel, wenn ich von einer Höhe herunterblickte. Allen diesen Mängeln suchte ich abzuhelfen, und zwar, weil ich keine Zeit verlieren wollte, auf die heftigste

---

[44] Überliefert ist die tiefgründige Bemerkung von Helmut Schmidt: „Wissenschaftler sind Menschen, deren Einsichten ihre Handlungsmöglichkeiten überschreiten. Politiker sind Menschen, deren Handlungsmöglichkeiten ihre Einsichten überschreiten." Nach: Alt, P.-A. 2021. Die Rückkehr der Vernunft in die Politik. Berliner Zeitung, 29.01.2021. Nr. 24 HA: S. 6.

Weise. [...] Ich erstieg ganz allein den Gipfel des Münsterturms, und saß in dem sogenannten Hals, unter dem Knopf oder der Krone, wie man's nennt, wohl eine Viertelstunde lang, bis ich es wagte, wieder hinaus in die freie Luft zu treten, wo man auf einer Platte, die kaum eine Elle ins Geviert haben wird, ohne sich sonderlich anhalten zu können, stehend das unendliche Land vor sich sieht, indessen die nächsten Umgebungen und Zierraten die Kirche und alles, worauf und worüber man steht, verbergen. Es ist völlig, als wenn man sich auf einer Montgolfiere in die Luft erhoben sähe. Dergleichen Angst und Qual wiederholte ich so oft, bis der Eindruck mir ganz gleichgültig ward und ich habe nachher bei Bergreisen und geologischen Studien, bei großen Bauten, wo ich mit den Zimmerleuten um die Wette über die freiliegenden Balken und über die Gesimse des Gebäudes herlief, ja in Rom, wo man eben dergleichen Wagstücke ausüben muss, um bedeutende Kunstwerke näher zu sehen, von jenen Vorübungen großen Vorteil gezogen."[45]

Kein geringerer als Johann Wolfgang von Goethe liefert mit dieser Beschreibung aus seiner Straßburger Studentenzeit in „Aus meinem Leben. Dichtung und Wahrheit" die klassische Darstellung einer Höhenangst (Akrophobie), die sich sogar gemäß der Internationalen Klassifikation psychischer Störungen ICD-10 deutlich einordnen lässt.[46] Und er liefert eine verhaltenstherapeutische Lösungsstrategie seiner Phobie gleich mit dazu: eine systematische Desensibilisierung.

Fragt man einen Phobiker selbst, weiß er oft sehr klug über Höhenangst und andere Phobien, wie Katzenangst

---

[45] Goethe, J.W.v. (1988): Aus meinem Leben. Dichtung und Wahrheit. Hamburger Ausgabe Band 9. Hamburg C.H.Becksche Verlagsbuchhandlung. S. 357 f.
[46] Dilling, H., Mombour, W., Schmidt, M.H., WHO (2015): Internationale Klassifikation psychischer Störungen: ICD-10 Kapitel V (F) – Klinisch – diagnostische Leitlinien. Stuttgart Hogrefe Verlag, WHO Press.

(Aelurophobie), Spinnenangst (Arachnophobie), Dunkelheitsangst (Achluophobie) und viele andere der über 200 bekannten Phobien zu referieren.[47] Und fragt man ihn, ob es da keine Möglichkeiten der Heilung gibt, antwortet er oft: oh ja, doch – und referiert lange über die verschiedenen Therapiemöglichkeiten: Die Konfrontationstherapie, bei der man dem angstauslösenden Reiz bis zur Grenze emotionaler Erträglichkeit ausgesetzt wird, wie das Goethe in seiner Selbsttherapie machte; die systematische Desensibilisierung, bei der dieser Reiz in gerade noch erträglichen Schritten schrittweise aufgebaut wird; Gesprächspsychotherapie und Psychoanalyse, wo den näheren und ferneren Lebensereignissen nachgesonnen wird, um tief verankerte Fehlwertungen umzuwerten und den Klienten zu einer realistischen Wertung beispielsweise der Reizsituation Höhe zu führen. Bei allen verstandesmäßigen Einsichten in die Situation und in die eigene phobische Reaktion kann er jedoch ohne emotionale Konfrontation – wie sie Goethes Münsterturm darstellt – seine Haltung nicht von selbst ändern. „Der bloße Appell an die Einsicht hat noch nie jemanden verändert […] Menschen ändern sich nur, wenn sie sich emotional erschüttern lassen, wenn sie in einen emotionalen Aufruhr versetzt werden."[48] Diesen Aufruhr werde ich im Folgenden *emotionale Labilisierung* nennen.

---

[47] Phobienliste: http://phobien.ndesign.de/ (aufgenommen am 20.11.2022).
[48] Roth, G. (2002): Wozu ist das Ich nütze? In: Psychologie heute, Februar 2002, S. 49: „Bloße Worte wirken allerdings überhaupt nicht verhaltensändernd. Der Kortex hört, sieht und fühlt, lernt und entlernt ganz schnell […] Neuropharmakologisch, neurochemisch ändern sich die synaptischen Verknüpfungen der limbischen Nervennetze nur dann, wenn massiv so genannte Neuromodulatoren und Neuropeptide ausgeschüttet werden. Nur dann gibt es eine synaptische Reorganisation in den subkortikal limbischen Zentren. Die ist nicht durch das bloße Hören von Worten möglich, sondern nur wenn massive emotionale Zustände mit den Worten verbunden sind."

An dem Goethe-Beispiel finden sich alle Schritte von gezielten Werteentwicklungsprozessen vereint. Die früheren Wertungen – in diesem Fall mit Krankheitswert –, die umbewertet werden sollen. Die starke emotionale Labilisierung, die allein eine echte Werteentwicklung zu bewirken vermag. Die neue Wertung der Reizsituation Höhe, die sich schließlich herausbildet. Die komplexe Abspeicherung des Objekts Höhe, der neu bewerteten Situation und der emotional tief verankerten neuen Wertung. Die unter Freunden und Bekannten kommunizierte größere gesellschaftliche Akzeptanz des zuvor neurotisch Angeknacksten.

Es gibt unter anderen drei Bereiche, in denen man aus unterschiedlichen Gründen Interiorisationsprozesse von Werten untersucht:

1. Die *Psychotherapieforschung* behandelt die verschiedenen Therapieformen zugrunde liegender Prozesse als emotional-motivationales „Umlernen" von Wertungen.
2. Beschreibungen von *Gruppendynamik* schildern die emotional-motivational wertenden Veränderungen der Gruppenmitglieder innerhalb dynamischer Gruppenprozesse.
3. Die *Emotions- und Motivationspsychologie* analysiert generell, wie Emotionen und Motivationen in Wertungsprozessen entstehen, gedächtnismäßig verankert und im Handeln wirksam werden.

Die Darstellungen in allen drei Bereichen weisen zentrale strukturelle *Gemeinsamkeiten* auf, die es ermöglichen, den Prozess der Werteinteriorisation sehr generalisierend abzuheben und sich damit dem Fundamentalproblem Interiorisation zu nähern.

Mich interessiert dabei vor allem das Allgemein-Modellhafte der Aneignung von Werten (Rezeption, Interiorisation) und der Verständigung über sie (Kommunikation, Exteriorisation). Dabei ist nicht wichtig, ob die Modelle dem Bereich der Psychotherapieforschung, Forschungen zur Gruppendynamik oder der Motivationsforschung entstammen. Es geht um das Verstehen dieser einfachen Frage: *Wie kommen Wertungen, Werte in unsere Emotionen und Motivationen hinein*? An der Beantwortung dieser Frage sind verschiedene Bereiche interessiert und beteiligt, beispielsweise Pädagogik, Politik, Wirtschaft, Sport, Religion.

Psychotherapie

Zahlreiche Psychotherapieverfahren sind, wie das Goethe-Beispiel zeigte, als Modelle gezielter individueller Werteentwicklung zu verstehen und durch sinngemäße Übertragung zu nutzen. Unter Psychotherapie seien dabei zunächst alle Behandlungsformen „seelischer Krankheiten" verstanden, beispielsweise Neurosen (Ängsten, Depressionen, Zwänge) oder Psychosen.[49] Hier habe ich Neurosen in den Mittelpunkt gestellt, bei denen die Betroffenen selbst merken, dass sie ein bisschen „verrückt" sind und problematische Wertungen vornehmen. Bei Psychosen erleben sie hingegen etwas, das Außenstehende nicht nachvollziehen können.[50] Nichtpsychologische medizinische Einwirkungen, beispielsweise Pharmaka, seien ausgeklammert, nur verstandesmäßige und emotionale Kommunikationsprozesse werden betrachtet.

Die bekannten Gesprächspsychotherapeuten Reinhard und Anne Marie Tausch fassten den Werteaspekt ihrer Tätigkeit in ihrem Standardlehrbuch über Gesprächs-

---

[49] Kirchner, T. (2018): *Kompendium der Psychotherapie: Für Ärzte und Psychologen.* Berlin Springer Verlag.
[50] https://www.medizin-im-text.de/blog/2015/21/neurose-und-psychose/ (aufgenommen 10.10.2022).

psychotherapie überzeugend in einem Abschnitt zusammen: „Gesprächspsychotherapie: Eine Situation der Erleichterung von Umbewertungen der Klienten". Dort heißt es: „Viele Klienten kommen zu uns in Psychotherapie mit dem Wunsch nach Änderung ihrer belastenden Gefühle. Wenn Kognitionen (Bewertungen, wahrgenommene Bedeutungen) Gefühle zur Folge haben, und Änderungen der Kognitionen zu geänderten Gefühlen führen: dann können wir Gesprächspsychotherapie wesentlich ansehen als *die Ermöglichung – Erleichterung von Um- und Neubewertungen bei den Klienten*. Die Haupttätigkeit des Psychotherapeuten ist: dem Klienten optimale, nicht-dirigierende Bedingungen zu schaffen, damit er diese Umbewertungen in einer für ihn wünschenswerten Weise vornehmen kann."[51]

Dabei sei diese Einsicht keinesfalls auf die Gesprächspsychotherapie beschränkt, vielmehr können „kognitive Um- und Neubewertungen und damit dauerhafte Änderungen von Gefühlen und Verhalten [...] *durch verschiedenartige Erfahrungen* ermöglicht werden".[52] Die Autoren führen sehr unterschiedliche Psychotherapiemöglichkeiten an, die als Modelle von Wertewandel in dem von ihnen umrissenen Sinn zu betrachten seien.[53] Sie plädieren neben klientenzentrierten Gesprächen für eine individuelle Kombination therapeutischer Angebote, für eine *multimodale Psychotherapie*.[54] Viele ältere und neuere Psychotherapievorschläge weisen in diese Richtung einer „Integrativen Psycho-

---

[51] Tausch, R., Tausch, A.-M. (1990): *Gesprächspsychotherapie. Hilfreiche Gruppen- und Einzelgespräche in* Psychotherapie und alltäglichem Leben. (9. ergänzte Aufl.). Göttingen, Toronto, Zürich, Hogrefe Verlag S. 343.
[52] Ebenda, S. 357.
[53] Z. B. Entspannung, Stresscoping, Verhaltensberatung, Verhaltenstherapie, Gruppentherapie, Selbsthilfegruppen, Formen klientenzentrierter Therapie usw.
[54] Ebenda, S. 363.

therapie".[55] Unabhängig von dem zuweilen überbordenden PR-Aufwand ist auch das sogenannte „Neurolinguistische Programmieren" mit seinem „Reframing" klar als Umwertungsprozess zu verstehen.[56] Derartige Beispiele lassen sich in Fülle anführen. Ich greife noch nicht einmal auf Verfahren im Umkreis der Logotherapie zurück, wo die Dimensionen Sinn und Wert ganz selbstverständlich im Mittelpunkt stehen.[57] Keines der gängigen mehr oder weniger wirksamen Psychotherapieverfahren[58] steht folglich außerhalb des Wertekontextes, ist lediglich verstandesmäßige Handlungsveränderung.[59]

Eben deshalb eignen sich Psychotherapieverfahren tatsächlich hervorragend als Modelle individuellen Wertewandels, weil mit ihrer Hilfe „Um- und Neubewertungen und damit dauerhafte Änderungen von Gefühlen und Verhalten durch verschiedenartige Erfahrungen" tiefer zu verstehen sind. Es handelt sich um das wahrscheinlich formenreichste, metho-

---

[55] Grawe, K. (1992): Psychotherapieforschung zu Beginn der neunziger Jahre. In: Psychologische Rundschau 43, Heft 3, S. 132 ff.; Themenheft zur Integrativen Psychotherapie. In: Report Psychologie (1992), Nr. 46, Heft 7 1992; Garfield, S.L. (1995): Psychotherapy: An Eclectic-Integrative Approach (Wiley Series on Personality Processes). Weinheim Wiley Verlag; Goldfried, M. R. (1982): Converging Themes in Psychotherapy. Springer Verlag Heidelberg, New York; Weiner, M. (1985): Cognitive-Experiential Therapy. An Integrative Ego Psychology. New York Brunner-Mazel Inc.

[56] Bachmann, K. (1999): Das neue Lernen. Eine systematische Einführung in das Konzept des NLP. Paderborn, Junfermannsche Verlagsbuchhandlung; S. 83 ff.

[57] Frankl, V. (9. Aufl. 2007): Theorie und Therapie der Neurosen. Einführung in Logotherapie und Existenzanalyse. Stuttgart UTB; Lukas, E. (2011): Wertfülle und Lebensfreude. Logotherapie bei Depressionen und Sinnkrisen. München; Lukas, E. (2014): Lehrbuch der Logotherapie. Menschenbild und Methoden. München Profil Verlag; Frankl, V. (2015): Grundkonzepte der Logotherapie. Wien Facultas Verlag.

[58] Grawe, K., Donati, R., Bernauer, F. (5. Aufl. 2001): Psychotherapie im Wandel. Von der Konfession zur Profession. Göttingen, Bern, Toronto, Seattle Hogrefe Verlag.

[59] Ebenda.

disch am gründlichsten diskutierte, am umfangreichsten ausgearbeitete Gebiet individueller Werteentwicklung.

Jürgen Kriz hat die „Grundkonzepte der Psychotherapie" unter dem Blickwinkel Selbstorganisation systematisch zusammengefasst. Er unterscheidet die Psychodynamische Psychotherapie (wozu unter vielen anderen die Psychoanalyse und die Transaktionsanalyse gehören), die Verhaltenstherapie (wozu er unter anderen die Rational-emotive Therapie zählt), die Humanistische Psychotherapie (wozu unter anderem Gestalttherapie, Logotherapie und Psychodrama gerechnet werden) und die Systemische Therapie (wozu so populäre Formen wie Familientherapie und Paartherapie gehören).[60] Nahezu alle Kernkategorien dieser Grundkonzepte haben einen direkt wertebezogenen Charakter, so die Kategorien Unbewusstes, Konflikt und Übertragung in der Psychodynamischen Therapie, die Kategorien (Werte-)Lernen, (Werte-)Kognitionen in der Verhaltenstherapie, Begegnung, Wachstum, Autonomie, Sinn- und Werteorientierung in der Humanistischen Therapie und (Werte-)Evolution, (Werte-)Kommunikation, (Werte-)Geschichten, (Werte-)Deutungen und (Werte-)Wirklichkeitsinterpretationen in der Systemischen Therapie.[61] „Die Vielfalt menschlicher Lebenswege, Ziele, Wertvorstellungen und Lebensweisen in unserer multikulturellen, wertepluralen Gesellschaft wird sich immer auch als Nachfrage nach einer Vielfalt an medizinischen und psychotherapeutischen Formen des Umgangs der Menschen miteinander widerspiegeln."[62]

Je nachdem, welcher lebensgeschichtliche Abschnitt in den Erklärungsmittelpunkt gerückt wird (frühe Kindheit,

---

[60] Kriz, J. (7. überarb. Aufl. 2014): Grundkonzepte der Psychotherapie. Weinheim Beltz Verlag.
[61] Ebenda, S. 31.
[62] Ebenda, S. 15.

Adoleszenz, aktuellere Konflikte), welche früheren Labilisierungsprozesse und -quellen für das emotional-motivationale „Fehllernen" verantwortlich gemacht werden (Sexualität, elementares Triebgeschehen, kulturelle, soziale Anpassung, früheres instrumentelles und kommunikatives Handeln), entstehen sehr unterschiedliche Aussagen über die Ursachen psychischer Störungen und entsprechende Psychotherapieverfahren. Im gleichen Sinn lässt sich auch nach den früheren Labilisierungsprozessen und -quellen vorhandener Werte und möglicher Werteentwicklungen fragen. Eine kulturelle Prägung, die sich unter neuen Bedingungen, beispielsweise bei Migranten, als kontraproduktiv erweist, muss am Beginn eines angestrebten Werteinteriorisationsprozesses schonungslos, aber nicht taktlos, hinterfragt werden, um überhaupt eine neue Entscheidungssituation als Startsituation aufzubauen.

Neben den unterschiedlichen Auffassungen über die Ursachen psychischer Störungen unterscheiden sich Psychotherapieverfahren auch in ihren Methoden der Kommunikation von Emotionen als Wertungen.[63] Die funktionale Parallelisierung von Emotionen und Wertungen findet sich vielfach wieder, manche Autoren sprechen direkt von „emotionaler Wertung".[64] Damit gilt es, die für jedes Psychotherapieverfahren charakteristischen Strategien zur Änderung emotionaler Wertungen herauszufinden.[65] Sie

---

[63] Fiehler, R. (1990): Kommunikation und Emotion: Theoretische und empirische Untersuchungen zur Rolle von Emotionen in der verbalen Interaktion. Oldenburg De Gruyter Verlag; Link, S. (2010): Das Harvard Konzept – Kommunikation und Emotionen in der Verhandlung. München Grin Verlag; Pörksen, B., Schulz v. Thun, F. (2016): Kommunikation als Lebenskunst. Philosophie und Praxis des Miteinander-Redens. Dortmund Carl-Auer Verlag GmbH.

[64] Schwartz, D., Ellis, A. (2018): Vernunft und Emotion. Die Ellis-Methode – Vernunft einsetzen, sich gut fühlen, mehr im Leben erreichen. Dortmund borgmann publishing.

[65] Kruse, O. (1985): Emotionsdynamik und Psychotherapie. Grundlagen zum Verständnis menschlicher Emotionen und ihrer psychotherapeutischen Beeinflussung. Weinheim, Basel Beltz Verlag; S. 139 ff.; Benecke, C., Brauner,

umfassen in der Regel nonverbale und verbale Kommunikationsformen. Diese Kommunikationsformen finden sich in der Wertekommunikation in allen Versuchen politischer, ethischer, ökonomischer, ästhetischer, religiöser und anderer werteorientierter *Beeinflussung* oder *Manipulation* wieder. Für eine gezielte Werteentwicklung ist daraus zu folgern, den Formen der Kommunikation selbst ein großes Augenmerk zu widmen.

Bei der Durchmusterung der unendlichen Fülle von speziellen Verfahren und Erklärungsmustern[66] fällt auf, dass sich, unabhängig vom je spezifischen Verständnis im Rahmen einer Therapieschule, bestimmte *Grundelemente bei allen Psychotherapieverfahren* wiederfinden lassen. Es sind dies[67]:

Orientierungsphase 1
Anamnese der Symptomatik

Es wird die Symptomatik eines emotional- motivationalen „Fehllernens" von Wertungen in der Vergangenheit und resultierendes aktuelles Fehlverhalten in einem bestimmten Kultur- und Wertekontext festgestellt und offen gelegt.

Orientierungsphase 2
Labilisierungssetzungen

F. (2017): Motivation und Emotion. Psychologische und psychoanalytische Perspektiven (Psychoanalyse im 21. Jahrhundert). Stuttgart Kohlhammer Verlag.

[66] Dilling, H., Mombour, W. (2015): *Internationale Klassifikation psychischer Störungen: ICD-10 Kapitel V (F)* – Klinisch-diagnostische Leitlinien mit den Kategorien F0, F1, F2, F7, F8 als primär organisch akzentuierten und F3, F4, F5, F6, F9 als eher affektiv-emotionalen, psychisch akzentuierten diagnostischen Kategorien. Göttingen Hogrefe Verlag.

[67] Die generellen Bezeichnungen der Phasen folgen der grundlegenden Arbeit von Lacoursiere, R. (1980): Group and General Developemental Stages, in: ders., The Life Cycle of Groups. Group Developmental Stage Theory. New York, London Human Sciences Press. S. 19 ff.

Therapeutische Setzung von nicht allein verstandesmäßig zu bewältigenden, kognitiv-emotionalen Dissonanzen, emotional-affektiven Labilisierungen, konflikthaften Situationen, Kommunikationen und Aktionen.

Unzufriedenheitsphase
Labilisierung

Diese Eingriffe in lebensgeschichtlich tradiertes, gespeichertes Zusammenwirken von wertend qualifizierendem Emotions- und quantifizierendem Kognitionssystem führt gemäß Luc Ciompi[68] zu einem „Aufbrechen" ihres Zusammenspiels und zu starken emotionalen Berührungen, zu emotionalen Verunsicherungen und Konflikten, zu einem emotionalen Durchrütteln, zu emotionalen Spannungszuständen. Wir nannten sie verallgemeinernd *emotionale Labilisierungen*. Sie sind die entscheidende Voraussetzung jeder Interiorisation von Werten.

Lösungsphase 1
Neuzusammenwirken Emotions- und Kognitionssystem

Es kommt zu einem neuen Zusammenwirken von Emotions- und Kognitionssystem, bei Therapieerfolg wird dieses Zusammenwirken gedächtnismäßig abgespeichert und in nachfolgendem kommunikativem und physischem Handeln erfolgreich eingesetzt.

Lösungsphase 2
Aktivierungsphase

Der gesamte Therapieprozess wird durch eine nicht bloß verstandesmäßige Kommunikation von Werten in Form von Emotionen und Motivationen kontinuierlich begleitet.

---

[68] Ciompi, L. (1997): Die emotionalen Grundlagen des Denkens. Entwurf einer fraktalen Affektlogik. Göttingen Vandenhoeck und Ruprecht.

Produktivphase
Handlungsantizipation
Das führt zu einer veränderten Vorwegnahme (Antizipation) künftiger kommunikativer oder physischer Handlungen.

Beendigungsphase
Generalisierte Wertekommunikation
Die Kommunikation der neu interiorisierten Werte wird auch außerhalb des Therapiezusammenhangs teils in rationalisierter Form, teils in Form geänderter Emotionen und Handlungsweisen fortgesetzt.

Gruppendynamik

Auch gruppendynamische und gruppentherapeutische Verfahren zeichnen ähnliche Grundelemente als Prozessstufen nach.[69] Das bestärkt die Annahme, dass den Stufen ein generalisierter Wirkungszusammenhang zugrunde liegt.

---

[69] Vgl. z. B. Rogers, C. (1974, 6. Aufl.): Der Prozeß der Encounter-Gruppe. In: ders.: Encounter-Gruppen. Das Erlebnis der menschlichen Begegnung. Frankfurt am Main Fischer Verlag; Lacoursiere (1980): a. a. O. S. 19 ff.; Raff, M., Raff, D. (2017): Wie kann Gruppenpsychotherapie eine grundlegende Gefühlswandlung bewirken? Meilen Verlag für Psychologie und Erziehung;

Höck, K., Ott, J., Vorwerg, M. (1981): Encounter-Gruppen. Das Erlebnis der menschlichen Begegnung. Leipzig. Ambosius Barth Verlag. S. 25 ff.

Lacoursiere, R. (1980): Group and General Developmental Stages. In: ders.: The Life Cycle of Groups. Group Developmental Stage Theorie. New York, London Kluwer Academic Publishers.

Festinger, L. (1957): A Theory of Cognitive Dissonance, Stanford Combined Academic Publishers.

Berlyne, D. E. (2014): Conflict, Arousal and Curiosity. Mansfield Martino Fine Books; Simon, F.B. (2022): Einführung in die Systemtheorie des Konflikts. Heidelberg Carl-Auer Verlag.

Die Stufen (a) bis (g) sind ausführlicher dargestellt in: Erpenbeck, J., Weinberg, J. (1993): Menschenbild und Menschenbildung. Münster, New York, München, Berlin Waxmann Verlag. S. 142 ff.

Gruppenprozesse haben an sich noch nichts mit Werteinteriorisation zu tun. Allerdings sind sie fast immer davon begleitet. In der Regel ändern sich die Selbstkonzepte der Teilnehmer, ihre Selbstwertungen, die Wertungen ihrer eigenen Aktivitäten, der gegenständlichen Bedingungen, unter denen der Gruppenprozess stattfindet sowie der Wertungen der anderen Gruppenmitglieder. Das führt fast zwangsläufig zu einer Änderung der eigenen Kompetenzen und ihrer Wertekerne. Insofern bilden Aussagen zur Gruppendynamik einen Zugang zur Interiorisationsproblematik. Der Zugang ist besonders attraktiv, weil reale Formen von Kompetenz- und Werteentwicklung sich ja nahezu immer in Gruppen vollziehen – egal, ob es sich um Trainingsgruppen, Problemlösungsgruppen, Therapiegruppen, Begegnungsgruppen (Encounter Groups) oder andere Realgruppen handelt. Wenn Jürgen Habermas auf Interpretationsgemeinschaften zurückgreift, deren Angehörige sich innerhalb einer geteilten Lebenswelt miteinander über etwas in der Welt verständigen, so liefern die genannten Gruppen illustrative Beispiele. Auch wenn sich der kritisierbare Anspruch auf die Gültigkeit behaupteter Aussagen fast immer als Illusion erweist. Gruppendynamische Modelle liefern die real-lebensweltlichen Ergänzungen der Habermas'schen Interpretationsgemeinschaften!

Unabhängig von den im einzelnen verwendeten Methoden und Techniken – die je nach Stand der aktuellen psychologischen, soziologischen und philosophischen Erkenntnisse, nach der in konkreten Aufgaben gegebenen Zweckmäßigkeiten und nach persönlichem Geschmack variieren – lassen sich grundlegende Phasen bestimmen, die in gruppendynamischen Prozessen durchgehend wirksam werden.

Es ist kein Zufall, dass Kurt Lewin, einer der Väter der modernen Motivationspsychologie und der modernen Willenspsychologie als Begründer der Gruppendynamik gilt. Für ihn war die Interiorisation und Umwertung von Werten von Anfang an ein zentrales Moment seiner Arbeit.[70] Mit der Entwicklung der sogenannten Encounter-Gruppen und der Beschreibung ihrer Dynamik hat Carl Rogers,[71] fußend auf einer tief humanistischen psychologischen Grundanschauung, einen Grundstein für jegliches wertegegründete Stärkenmanagement gelegt. Er fasste die Phasen der Gruppenprozesse in Stufen zusammen, die bis heute, zuweilen anders systematisiert und benannt, als Modell dienen:

Orientierungsphase 1
Kennenlernphase
Sie beginnt mit formalen Selbstdarstellungen ohne „Ankratzen" der Persönlichkeitsstruktur. Es treten kaum Konflikte auf. Sie enthält Rückbesinnungen auf eigene Gedanken und Gefühlslagen der Teilnehmer, teilweise auf bisherige Probleme und biografische Momente. Es finden viele reaktive Interaktionen statt, es bildet sich aber noch keine Gruppenstruktur heraus.

Orientierungsphase 2
Anwärmphase
Konflikte werden von den Teilnehmern beiseitegeschoben. Sie reflektieren wertend ihre Wahrnehmungen. Kurze Informationschecks über objektive und subjektive

---

[70] Crosby, G. (2020): Planned Change: Why Kurt Lewin's Social Science is Still Best Practice for Business Results, Change Management, and Human Progress. Cambridge Productivity Press.
[71] Roger, C., Tausch, R. (2018): Entwicklung der Persönlichkeit (Konzepte der Humanwissenschaften): Psychotherapie aus der Sicht eines Therapeuten. Stuttgart Klett Cotta Verlag.

Probleme und Widersprüche finden statt. Bei betrieblichen Trainings werden Sichten auf Unzulänglichkeiten im Arbeitsprozess und in zwischenmenschlichen Beziehungen einbezogen. Die Reaktionen sind konventionell. Die Gruppenstruktur ist immer noch schwach, dafür bildet sich ein starker Leiterbezug heraus.

Unzufriedenheitsphase
Abhängigkeitsphase
Es bilden sich interne Gruppenkonflikte heraus, die aber noch nicht akzeptiert werden, auch „negative" Emotionen treten auf, die noch unbeachtet bleiben. Stattdessen werden Persönlichkeitsbestimmungen in den Gruppenprozess eingespeist, welche die emotionalen Lagen der Teilnehmer verdeutlichen. Unsicherheiten, Verängstigungen werden zunächst passiv verarbeitet, die Gespräche weichen auf Allgemeinthemen aus. Die Interaktionen sind konventionell – abwartend, von Ratlosigkeit und Unsicherheit gekennzeichnet. Ein starker Leiterbezug bleibt bestehen, es bilden sich stark wechselnde Gruppierungen heraus.

Lösungsphase 1
Aufschmelzphase
Die Persönlichkeitsstrukturen beginnen etwas aufzuweichen, vorhandene Gefühle werden akzeptiert, Missstimmungen artikuliert. Die Leiter werden in der Kommunikation an den Rand gedrängt. Die Gruppe konzentriert sich auf sich selbst, Selbstorganisation wird sichtbar. Der Interaktionsstil wird zunehmend kritisch-distanzierend. Erste Ansätze einer Rangordnung in der Gruppe unter Leistungsgesichtspunkten im „Hier und Jetzt" entstehen.

Lösungsphase 2
Aktivierungsphase

Es gibt plötzliche Gefühlsausbrüche, die Gruppe öffnet sich für Widersprüche und Dissonanzen. Die Leiter werden in eine Außenseiterposition geschoben. Emotional-motivationale Wertungen werden erlebbar, positive Zielwerte werden emotional neu verankert. Frühere Sachprobleme werden emotional-motivational umgewertet, es treten Beziehungsprobleme und individuelle Probleme auf. Der Interaktionsstil ist oft von scharfer Kritik getragen. Es bildet sich eine stabile Kerngruppe heraus.

Produktivphase
Arbeitsphase

Allmählich entsteht die Bereitschaft, Konflikte konstruktiv zu lösen und aus Erfahrungen zu lernen. Die persönlichen Anschauungen werden teilweise aufgelöst, bisherige, tief interiorisierte emotional-motivationale Wertungen durch neue ersetzt. Die Neusetzung von Emotionen und Motiven wird im Gruppenkontakt akzeptiert und bestätigt. Individuelle Schwierigkeiten und Konflikte werden von den Gruppenmitgliedern „bearbeitet". Der Interaktionsstil wird rationalisierend. Die Gruppenstruktur stellt nun eine stabile Rangordnung dar.

Beendigungsphase
Abschlussphase

Eine starke Zunahme der Selbstakzeptanz ist die Folge. Die Teilnehmer stehen zu ihren Gefühlen und lassen neue Emotionen zu. Es bildet sich eine hohe Bereitschaft heraus, alte Wert- und Persönlichkeitsstrukturen zu verändern. Der Interaktionsstil ist sachlich-intellektuell, manchmal psychologisierend und zunehmend konventionell. Die Rangordnung der Gruppe ist quasi institutionalisiert. Führungsfragen werden zum Thema.

Emotions- und Motivationspsychologie

Interessanterweise kommt die verallgemeinerte Darstellung individueller *Werteinteriorisation* durch die Motivationsforschung zu sehr ähnlichen Grundelementen. Darauf habe ich schon frühzeitig aufgebaut.[72] Grundlagenforschung verschmilzt oft mit Anwendungsforschung. Starke emotionale Berührungen, emotionale Verunsicherungen und Konflikte, ein emotionales Durchrütteln, also eine emotionale Labilisierung erweisen sich für die Herausbildung und Veränderung von neuen Emotionen und Motivationen als zentrale Wirkmomente.[73] Sie sind zugleich zentrale Wirkmomente jeder gezielten Werteentwicklung. Dabei kann es sich um ganz unterschiedliche Konflikte handeln. So können Gegenstandskonflikte, etwa die Konfrontation mit ablehnend bewerteten Gegenständen oder Symbolen gesetzt werden, Instanzenkonflikte, etwa die Simulation sozialer Konfliktsituationen oder Kommunikationskonflikte. Sie können die Form innerer Konflikte annehmen, etwa wenn man sich mit der eigenen Erinnerung auseinandersetzt oder Ablehnungen auf fremde Personen überträgt, sie können in Form von „Partner"-Konflikten oder in Form von Gruppenkonflikten auftreten. Sie können schließlich auch über klassische Medien wie Musik, Bild und Buch oder über neue

---

[72] Erpenbeck, J. (1982): Gruppentherapie. Roman. Halle Mitteldeutscher Verlag; Erpenbeck, J. (1985): Motivation – ihre Psychologie und Philosophie. Berlin Akademie Verlag; Erpenbeck, J., Weinberg, J. (1993): Menschenbild und Menschenbildung. Münster, New York, München, Berlin Waxmann Verlag.

[73] Auszra, L., Herrmann, I. (2016): Emotionsfokussierte Therapie: Ein Praxismanual. Stuttgart Hogrefe Verlag

Sachse, R., Langens, T. A. (2014): Emotionen und Affekte in der Psychotherapie. Göttingen; Glasenapp, J. (2013): Emotionen als Ressourcen: Manual für Psychotherapie, Coaching und Beratung. Mit Online-Materialien. Weinheim Belz Verlag; Curtis, R. C., Stricker, G. (1991): How People Change. Inside and Outside Therapy. New York; Mahrer, A. R. (1985): Psychotherapeutic Change. An Alternative Approach to Meaning and Measurement. New York, London.

Medien, insbesondere soziale Netze gesetzt werden. Damit tut sich ein weiter Bereich von Möglichkeiten der Werteentwicklung auf. Sie ist umso nachhaltiger, je stärker die entsprechende Labilisierung greift.[74] Es lässt sich, fußend auf unterschiedliche Emotions- und Motivationstheorien,[75] eine analoge Stufenfolge wie für Psychotherapieforschung und Gruppendynamik angeben:

Orientierungsphase 1
Wertesicht

Ausgangspunkt ist dort die Existenz bereits interiorisierter oder „bloß gelernter" Werte, die zuvor in verschiedenen sozialen Prozessen von Praxis, Arbeit, Spiel, wissenschaftlicher oder künstlerischer Tätigkeit, Unterricht und anderen gewonnen wurden.

Orientierungsphase 2
Entscheidungssicht

Das Individuum sieht sich ständig vor individuelle Entscheidungssituationen gestellt, die aus sozialen Entscheidungssituationen in Arbeit, Freizeit, Familie, Organisationen und anderen herrühren. Das Individuum muss sich unter Freiheit und Selbstverantwortung zu instrumentellem und/oder kommunikativem (zeichenvermitteltem) Handeln entscheiden. Im Mittelpunkt stehen hier solche

---

[74] Seiler, B. (2018): Wirkfaktoren menschlicher Veränderungsprozesse: Das ModiV in allgemeiner und kunstbezogener Beratung, Psychotherapie und Pädagogik. Berlin Springer Verlag; Grawe, K., Donati, R., Bernauer, F. (1994): Psychotherapie im Wandel. Von der Konfession zur Profession. Göttingen, Bern, Toronto, Hogrefe Verlag. Besonders S. 673 ff.

[75] Neben Klassikern wie Festinger, L., a. a. O., Berlyne, D.E. a. a. O. siehe: Rheinberg, F., Vollmeyer, R. (9. Aufl. 2018): Motivation. Grundriss der Psychologie, Band 6, W. Kohlhammer GmbH; Kappelhoff, H., Bakels, J.H., Lehmann, H., Schmitt, C. (Hrg.) (2009): Emotionen: Ein interdisziplinäres Handbuch. In: Brandstätter, V., Otto, J.H. (Hrg.): Handbuch der Allgemeinen Psychologie – Motivation und Emotion: Handbuch der Psychologie Band 11. Göttingen, Bern, Wien, Hogrefe Verlag.

Entscheidungssituationen, die nicht rein kognitiv – „algorithmisch", allein unter Zuhilfenahme des bereits akkumulierten Wissens, auch nicht unter Rückgriff auf bereits interiorisierte Werte als „Entscheidungsleitlinien", gelöst werden können. Das führt zu beträchtlicher kognitiver Dissonanz[76], zur Labilisierung und Instabilität des inneren Zustands durch Ungewissheit[77] zu einem inneren Widerspruch. Der ausgelöste emotionale Spannungszustand, die emotionale Labilisierung ist die entscheidende Voraussetzung jeder Interiorisation: Je größer das emotionale Gewicht, desto tiefer werden die zur Auflösung der Dissonanz führenden Werte später im „Grund der Seele" verankert.

Unzufriedenheitsphase
Labilisierung

Da die Entscheidungen unter Unzufriedenheit, kognitiver Dissonanz, Labilisierung und Instabilität gefällt werden müssen, löst sich die Verklammerung von bereits in Form von Emotionen und Motivationen interiorisierten Werten und zugehörigem theoretischem und Handlungswissen und es werden situationsadäquate neue Werte gleichsam probehalber entwickelt.

Lösungsphase 1
Werteinteriorisation

---

[76] Festinger, L.; Irle, M., Möntmann, V. (Hrg.) (2019): Theorie der Kognitiven Dissonanz. Göttingen, Bern, Hogrefe Verlag; Vjenka Garms-Homolová, V. (2020): Sozialpsychologie der Einstellungen und Urteilsbildung: Lässt sich menschliches Verhalten vorhersagen? Berlin Springer Verlag. S. 19 ff.

[77] Berlyne, D.E. (1974): Konflikt, Erregung, Neugier. zur Psychologie der kognitiven Motivation. Stuttgart Clett Cotta Verlag; Simon, F.B. (2022): Einführung in die Systemtheorie des Konflikts. Carl-Auer; Naughton, C. (2016): Neugier: So schaffen Sie Lust auf Neues und Veränderung. Econ Verlag; Simonov, P. V. (1986): Das emotionale Gehirn: Physiologie, Neuroanatomie, Psychologie und Emotion. New York: Plenum Press.

Führt die getroffene Entscheidung und entscheidungsgemäße Handlung, meist im Rahmen sozialer Kooperation und Kommunikation, in Form einer tatsächlichen oder geistigen Handlung ausgeführt, zum Erfolg, wird das Handlungsergebnis also zunächst individuell, später auch in sozialer Kommunikation als erfolgreich eingeschätzt, so kommt es zu einer neuen komplexen Abspeicherung von Wissen, Entscheidung, Handlungsergebnis, zusammen mit den zum Handlungserfolg führenden Werten. Aufgrund der vorangegangenen Dissonanz und Labilisierung verankert der Handlungserfolg diese Werte tief im *emotionalen* Grund. Genau in diesem Fall sprechen wir von einer Interiorisation der Werte.

Lösungsphase 2
Wertekommunikation
Die Einschätzung einer physischen oder kommunikativen Handlung als erfolgreich setzt eine entsprechende Wertkommunikation in der unmittelbaren Bezugsgruppe des Handelnden voraus.

Produktivphase
Wertehandeln
Die Interiorisation der neuen Werte ermöglicht neue Handlungsantizipationen und ein ihnen entsprechendes neues physisches und kommunikatives Handeln bei ähnlichen sozialen und individuellen Entscheidungssituationen unter kognitiver Unsicherheit.

Beendigungsphase
Wertemittelung
Die neu interiorisierten Werte werden schließlich sozial kommuniziert – bis hin zur Entstehung eines „sozialen Mittelwerts" in Form von Normen- und Wertesystemen,

deren Durchsetzung mithilfe von Sanktionen und Institutionen befördert wird und die damit auf weitere Interiorisationsprozesse rückwirken.[78]

Gezielte Werteentwicklung ist keine Psychotherapie und soll es auch nicht sein. Sie kann aber wichtige gedankliche und methodische Anregungen aus diesem formenreichsten, methodisch am gründlichsten diskutierten Gebiet individuellen Wertewandels beziehen. Auch aus Einsichten in die Dynamik von Gruppen lassen sich wichtige Anregungen gewinnen. Schließlich liefern Emotions- und Motivationspsychologie hervorragende Modelle von Werteaneignung und Umwertung. Vergleicht man die Phaseninhalte dieser drei Gebiete zeichnet sich ein deutlicher Verlauf ab, der sich mit den Begriffen Situation – Konfrontation – Dissonanz – emotionale Labilisierung – Wertewechsel – Kommunikation – Aktion – Integration belegen lässt. Jede gezielte Werteentwicklung, jedes Wertetraining wird, glaube ich, einen ähnlichen Verlauf haben. Antworten auf das Fundamentalproblem Interiorisation von Werten liefern damit Hinweise, wie man ein erfolgreiches Wertetraining gestalten kann. Dazu zwei Beispiele und Anmerkungen zum ausgearbeiteten Wertetraining.

Wertetraining – vom Fußballtraining zum Demokratietraining

Kann man Werte überhaupt trainieren?

Ja, man kann:

---

[78] Die Stufen sind ausführlicher dargestellt in: Erpenbeck, J., Weinberg, J. (1993): Menschenbild und Menschenbildung. Münster, New York, Berlin Waxmann Verlag. S. 142 ff.

Ein Training der *Genusswerte* stellt jeder Koch- und Backkurs, jede Weinverkostung, jedes Geschmackstraining[79] dar.

Nutzenwerte und ihre Maximierung stehen im Mittelpunkt unternehmerischer Tätigkeit, in Form einer Gewinnmaximierung durch Umsatzmaximierung und Kostenminimierung. Das sollte von Mitarbeitern und Angestellten durchaus verinnerlicht werden.[80] Eine andere Form von umfassenden Nutzenwerten stellt die Nachhaltigkeit dar, also die Fähigkeit von Unternehmen, Bedürfnisse der Gegenwart so zu befriedigen, dass die Möglichkeiten zukünftiger Generationen nicht eingeschränkt werden. Auch das kann als Werteüberzeugung trainiert und verinnerlicht werden.[81]

Dass man *ethisch-moralische Werte* trainieren kann, gilt schon seit langem, besonders unter Pädagogen, als ausgemacht.[82] Ungeachtet der Tatsache, dass ein instruktionales Lernen für die handlungswirksame Verinnerlichung von solchen Werten oft wenig bringt, wird es sowohl im schulischen Bereich[83] wie in dem der beruflichen Bildung[84] oft angesetzt.

---

[79] Ritter, G. (2022): Wie man den Geschmackssinn trainiert. Deutschlandradio Dlf Kultur. Freitag 25.11.2022; Dollase J. (2017): SZ Gourmet Edition: Geschmacksschule. Edition Tretorri Verlag.

[80] Haric, P. (2018): Stichwort Gewinnmaximierung. In: Gabler Wirtschaftslexikon. Wiesbaden Springer Gabler Verlag.

[81] Thewes, R. (2021): Let's change a running system: Transformationswege in eine nachhaltige Wirtschaft. Berlin tradition Verlag; Grote, A., Ankele, K., Diekmann, V. (2016): Bewertung unternehmerischer Nachhaltigkeit: Modelle und Methoden zur Selbstbewertung. Berlin Erich Schmidt Verlag.

[82] Patterson, D.B. (2006): The Natural Way In Moral Training. Whitefish, Montana Kessinger Publishing.

[83] Neumann, L. (2020): Abitur-Training Ethik: Übungsheft mit originalgetreuen Abituraufgaben zur Prüfungsvorbereitung Mannheim Verlag KDP.

[84] Büscher, M., Quante, M. (2014): Discovering, Reflecting and Balancing Values: Ethical Management in Vocational Education Training (Wirtschafts- und Unternehmensethik). Augsburg Rainer Hampp Verlag.

Ich gehe hier vorerst nicht im Einzelnen auf Verwandtschaften und Differenzen ethisch-moralischer und sozial-weltanschaulich-politischer Werte ein. Allein wenn man typische Begriffe beider Gruppen gegeneinander stellt, ist einem schon gefühlsmäßig klar, dass man sie nicht über einen Kamm scheren kann. Ich behelfe mir damit, hier zunächst einige typische *ethisch-moralische Werte* – das was wünschenswert ist –, und die zugehörigen Normen – also das was durchzusetzen ist – wiederzugeben:

- *Anerkennung*: „Du sollst anderen mit Wertschätzung und Würdigung begegnen!"
- *Bescheidenheit*: „Du sollst dich mit dem begnügen, was dir zur Verfügung steht!"
- *Dankbarkeit*: „Du sollst das positive Gefühl, das Personen oder Dinge dir geben, zu schätzen wissen!"
- *Ehrlichkeit*: „Du sollst nicht lügen!"
- *Empathie*: „Du sollst dich in die Situation und Einstellungen anderer Personen hineinfühlen!"
- *Freiheit*: „Du sollst niemandem Freiheit und Chancen entziehen!"
- *Freundlichkeit*: „Du sollst mit anderen so kommunizieren, als wären sie dein Freund!"
- *Frieden*: „Du sollst Konflikte ohne Gewalt lösen!"
- *Gerechtigkeit*: „Du sollst jeden gleich behandeln!"
- *Gesundheit*: „Du sollst nach körperlicher und geistiger Unversehrtheit streben!"
- *Höflichkeit*: „Du sollst zuvorkommendes und gesittetes Verhalten an den Tag legen!"
- *Humor*: „Du sollst andere zum Lachen bringen!"
- *Integrität*: „Du sollst deinen Werten entsprechend handeln!"
- *Kreativität*: „Du sollst Dinge erschaffen und erfinden!"

- *Leben*: „Du sollst nicht töten!"
- *Loyalität*: „Du sollst dich Personen und Gruppen gegenüber treu und unterstützend verhalten!"
- *Mitgefühl*: „Du sollst an der Situation anderer Anteil nehmen!"
- *Nachhaltigkeit*: „Du sollst die Natur ehren und schonen!"
- *Pünktlichkeit*: „Du sollst vereinbarte Zeitpunkte einhalten!"
- *Respekt*: „Du sollst andere Individuen achten!"
- *Solidarität*: „Du sollst bei deinem Handeln deine Zugehörigkeit zu einer Gemeinschaft beachten!"
- *Sicherheit* „Du sollst einen Zustand frei von Gefahren und Risiken anstreben!"
- *Toleranz*: „Du sollst Andersartigkeiten dulden!"
- *Verantwortung*: „Du sollst übernommene Aufgaben und Pflichten bestmöglich erfüllen!"
- *Zuverlässigkeit*: „Du sollst sicher und vertrauenswürdig handeln und Zugesagtes erfüllen!"[85]

In einer Analyse des Anthropologen Oliver Scott Curry von der University of Oxford wurde festgestellt, dass es in vielen untersuchten Kulturen sieben Grundsätze gibt, die in jeder Kultur und mit gleicher Häufigkeit in allen untersuchten Kulturen einheitlich als positiv und moralisch gut an-

---

[85] Hunold, R. (2022): Werte: 5 Arten, Werte-Liste mit 25 Beispielen. In: lernen.net Köln 4pubGmbH; eine andere noch umfangreichere Liste des Electoralpsychology 2022: Gerechtigkeit, Freiheit des Denkens, Verantwortung, Ehrlichkeit, Richtigkeit, Loyalität, Individualität, Heldentum, Unabhängigkeit, Ausdauer, Mut, Fertigkeit, Liebe, Altruismus, Lernen, Selbstkontrolle, Toleranz, Engagement, Überzeugung, Neugierde, Disziplin, Empathie, Balance, Respekt, Dankbarkeit, Introvertiertheit, Bescheidenheit, Demut, Überwindung, Vitalität, Die Geduld, Integrität, Wille, Opfern, Koexistenz, Mut, Opfern, Solidarität, Barmherzigkeit, Diskretion (https://de.electoralpsychology.com/valores-ticos-qu-son#menu-1; aufgenommen am 01.06.2022).

gesehen werden – niemals als moralisch schlecht. Diese sieben Grundwerte sind:

- Unterstützung der Familie
- Unterstützung der eigenen (sozialen) Gruppe
- Sich revanchieren/erkenntlich für Gefälligkeiten zeigen
- Mutig sein
- Respekt vor Vorgesetzten haben
- Ressourcen gerecht verteilen
- Eigentum/Besitz anderer respektieren

„Überall auf der Welt teilen Menschen einen gemeinsamen Moralkodex" ist sich Scott Curry sicher.[86] Ich bin mir nicht so sicher, ob das wirklich alles ethisch-moralische Werte sind. „Du sollst nicht stehlen" ist zweifellos ein moralisches Gebot. Du sollst den Besitz von Milliardären respektieren hat eine ganz andere, eine sozial-weltanschaulich-politische Dimension.

Eindeutig *sozial-weltanschaulich-politische Werte* sind hingegen die Grundwerte der Europäischen Union, in Artikel 2 des Vertrags über die EU festgelegt. „Die Werte, auf die sich die Union gründet, sind

- die Achtung der Menschenwürde,
- Freiheit, Demokratie,
- Gleichheit,
- Rechtsstaatlichkeit und
- die Wahrung der Menschenrechte einschließlich
- der Rechte der Personen, die Minderheiten angehören.

---

[86] Curry, O.,S., Mullins, D.A., Whitehouse, H. (2019): Ist es gut zu kooperieren?: Die Theorie der Moral als Kooperation in 60 Gesellschaften testen. In: Aktuelle Anthropologie Februar 2019, Band 60, Nr. 1. S. 47–69. Die Autoren untersuchten, inwieweit es moralische Konzepte gibt, die kulturübergreifend und weltweit gleichermaßen gelten. Dafür nutzten sie insgesamt 600.000 ethnografische Berichte aus mehr als 600 Quellen, die insgesamt 60 Kulturen umfassen.

Diese Werte sind allen Mitgliedstaaten in einer Gesellschaft gemeinsam, die sich durch

- Pluralismus,
- Nichtdiskriminierung,
- Toleranz,
- Gerechtigkeit,
- Solidarität und
- die Gleichheit von Frauen und Männern auszeichnet."[87]

Auch diese Werte können trainiert werden, wie ich am Beispiel des Demokratietrainings zeigen will. Sie haben jedoch einen ganz deutlich anderen Charakter als die eindeutig moralisch-weltanschaulichen Werte.

Für das Training von ethisch-moralischen Werten berufe ich mich auf ein beispielhaftes Wertetraining, bei dem offensichtlich ist, dass es sich wirklich um ein Training handelt, nicht um eine Form von Belehrung oder Weiterbildung. Bei dem andererseits klar ist, dass es sich wirklich um Werte handelt, die da trainiert werden, nicht um Aufmerksamkeit, Schnelligkeit oder Reaktionsvermögen. Dafür existieren andere, erprobte Trainingsverfahren. Im Bereich des Leistungssports setzen sich Wertetrainings zunehmend durch:[88]

„Dem Thema ‚Werte' kommt in der Jugendarbeit generell und daher auch im Jugendfußball eine enorme Bedeutung zu. Im Alter von sechs bis zwölf Jahren entwickelt ein Kind Gewissen, Moral und eine Werteskala. Es lernt, was als rich-

---

[87] Amtsblatt der Europäischen Union C 326/13 (26.10.2012): Vertrag über die Europäische Union (konsolidierte Fassung) Artikel 2; Artikel 3: Ziel der Union ist es, den Frieden, ihre Werte und das Wohlergehen ihrer Völker zu fördern.
[88] Märtin, R., Tegeler, J. (2020): Wertebildung im Jugendfußball – Ein Handbuch für Trainer: TeamUp! – Werte gemeinsam leben. Bielefeld Verlag Bertelsmann Stiftung. S. 39, 43.

tig und falsch, gut oder weniger gut wahrgenommen wird. Mit zwölf bis 18 Jahren entwickeln junge Menschen ein Wertebewusstsein, das heißt, sie haben eigene und sehr persönliche Vorstellungen davon, was ihnen wichtig ist. Ihnen ist der so entstehende ethische Kompass sehr bewusst und sie versuchen auch, danach zu leben. Dieses Wertelernen findet im Alltag der Jugendlichen statt – somit auch im Fußballverein. Viele Jugendliche verbringen hier ihre Freizeit und machen vielfältige Erfahrungen, die auf ihre Wertebildung Einfluss haben: Sie messen sich sportlich mit anderen, siegen und verlieren, erleben Gemeinschaft und Freundschaft, gestalten das Miteinander und erfahren Selbstwirksamkeit. Im besten Fall lernen Sie, Konflikte friedlich zu regeln, Niederlagen zu akzeptieren, Rücksicht auf andere zu nehmen, im Team zusammenzuarbeiten, Verantwortung zu übernehmen, tolerant gegenüber unterschiedlichen Meinungen zu sein und sich fair und respektvoll zu verhalten. Jugendfußball ist also ein wichtiger Ort des Wertelernens in einer sehr entscheidenden Lebensphase." Aber zugleich gilt: „Wertebildung heißt nicht Vermittlung, denn Werte lassen sich nicht beibringen oder lehren. Welche Werte ihren Spielern wichtig sind, können weder Sie noch jemand anderes bestimmen. Werte bilden sich aus eigenen Erfahrungen. Ich werde zum Beispiel erst pünktlich sein, wenn ich es selbst als wichtig erfahren habe und nicht, weil mir mein Trainer nun zum zehnten Mal gesagt hat, es sei wichtig."[89]

Es lässt sich bei jeder gelungenen Werteverinnerlichung die Abfolge von Situation – Konfrontation-Dissonanz-emotionaler Labilisierung – Wertewechsel – Kommunikation – Aktion – Integration aufzeigen. So etwa beim Beispiel Pünktlichkeit: die Situation des Zuspätkommens, die Konfrontation mit den Mitspielern einschließlich der daraus resultierenden kognitiven Dissonanz und hohen emo-

---

[89] Ebenda, S. 43.

tionalen Labilisierung, dann die wertebasierte Verhaltensänderung und schließlich die Kommunikation über das neue Verhalten, anerkennende Aktionen und eine neue kameradschaftliche Integration. Die hohe emotionale Labilisierung in dissonanten Gruppensituationen ist ein Garant für die Tiefe und Nachhaltigkeit der Werteänderungen.

Sport wird vielerorts zur gezielten Werteentwicklung genutzt. Beispielsweise wenn Ungleichwertigkeitsvorstellungen bekämpft, Unterschiedlichkeit und Chancengleichheit und Wege zum Miteinander im Sport hervorgehoben und Präventionsarbeit gegen gruppenbezogene Menschenfeindlichkeit geleistet wird.[90] Oder wenn ein Demokratietraining im Basketball „spielend Demokratie erleben" durchgeführt wird.[91]

Zum Demokratietraining. Inzwischen haben viele Personen und eine bunte Mischung aus Institutionen Demokratietraining zu ihrem Anliegen erklärt.

Christa Kaletsch behandelt für Schüler, Lehrer und Eltern das „Demokratietraining in der Einwanderungsgesellschaft", den Kampf gegen Rassismus und Diskriminierung, und weist in ihrer Schrift „Demokratietraining. Wahrnehmen, Gestalten, Individualisieren" zentral auf die notwendige Förderung der Selbstautonomie der Beteiligten und ihre Selbstverantwortung im Handeln hin. Sie zeigt, wie viel Demokratie im Lebensalltag der Jugendlichen steckt und wie viele Gestaltungsmöglichkeiten sie eigentlich haben. Sie strebt eine „nichtverletzende Ärgermitteilung" im Training an und setzt „Dilemma-Planspiele" ein. Sie schwächt damit freilich ein wenig die Möglich-

---

[90] Landessportverband Schleswig-Holstein e.V. (2017): Miteinander im Sport – ein Demokratietraining. Malente Sport und Bildungszentrum.
[91] Schulze Wessel, J., Bittner, S. (2022): Handbuch Demokratietraining im Basketball. Spielend Demokratie erleben. Dresden anDemos – Institut für angewandte Demokratie- und Sozialforschung e.V.

keiten einer tiefergreifenden emotionalen Labilisierung.[92] Die Entstehung von und den Umgang mit Stereotypen und Vorurteilen, die Bedeutung stillschweigender Werteannahmen, den Umgang mit Minderheiten und Wege demokratischer Entscheidungsfindung macht ein Berliner Demokratie- und Toleranztraining für Hauptamtliche ErzieherInnen und SozialarbeiterInnen zum Thema.[93] Verschiedentlich sollen Jugendliche selbst zu DemokratietrainerInnen werden.[94] An verschiedenen Orten wird das Trainingsprogramm zur werteorientierten Demokratiebildung für Jugendliche „Läuft bei Dir! Werte. Wissen. Weiterkommen" eingesetzt, das sich mit ganz neuen, erlebnisorientierten Methoden an Jugendliche am Übergang zwischen Schule und Beruf richtet und damit der emotionalen Labilisierung eine wichtige Funktion einräumt.[95]

Verschiedene Seminare berufen sich auf das vom „Adam-Institute for Democracy and Peace" in Jerusalem entwickelte Demokratietraining „Betzavta" (deutsch: „Miteinander") das mit seiner didaktischen Methodik den ganzen, emotionalen Menschen anzusprechen versucht.[96] Auch im Unternehmensbereich werden allmählich zunehmend Wertetrainings, insbesondere Ethiktrainings eta-

---

[92] Kaletsch, Ch. (2017): Demokratietraining: Wahrnehmen, Gestalten, Individualisieren. Frankfurt am Main Debus Verlag.

[93] Kirsten Lange, K. (2016): Demokratie erleben – Demokratietraining in der Jugendarbeit. Demokratie- und Toleranztraining für Hauptamtliche ErzieherInnen und SozialarbeiterInnen. Berlin Alte Schmiede.

[94] Bildungsstätte Anne Frank (2022): Werde DemokratietrainerIn! Arbeite mit Jugendlichen und jungen Erwachsenen zu Rassismus, Antisemitismus und Diskriminierung. Hessen Zentrum für politische Bildung und Beratung in Kooperation mit dem Hessischen Ministerium für Soziales und Integration.

[95] Jeandrée, P. (Stabsstelle) (2022): Werte. Wissen. Weiterkommen. Läuft bei Dir! Stuttgart Baden-Württemberg Stiftung gGmbH, Landeszentrale für politische Bildung, Stiftung Weltethos.

[96] Z. B. Ulrich, S., Wiemeyer, G. (2022): „Betzavta – Miteinander" Demokratietraining Modul einer zertifizierten TrainerInnen – Ausbildung. München Akademie Führung und Kompetenz, Centrum für angewandte Politikforschung. In Kooperation mit dem Gustav Stresemann Institut.

bliert. Unternehmensverantwortliche und Führungskräfte sollen für die moralische Dimension von Konflikt- und schwierigen Situationen sensibilisiert und befähigt werden, ihre Entscheidungen auch moralisch-normativ und nicht nur funktional zu begründen; Willkürentscheidungen werden dadurch verringert.[97] Gemessen an der Fülle von Werken über Wirtschaftsethik ist jedoch erstaunlich, wie wenig wirklich wirksame Wertetrainings in diesem und im unternehmenspolitischen Bereich durchgeführt werden. Vielleicht ist den Verantwortlichen, die mit Heller und Pfennig rechnen müssen, der Aufwand für eine scheinbar so wenig profitable Weiterbildung dann doch zu hoch?

Noch erstaunlicher ist das im politischen Bereich, wo zwar zahlreiche Veranstaltungen zur politischen Bildung durchgeführt werden, die Teilnehmer eine Fülle von Wissen zu ethischen, politischen, kulturellen und religiösen Werten vermittelt bekommen, wo jedoch die wirkliche emotionale Labilisierung und tiefe emotionale Verinnerlichung oft zu wünschen übrig lassen. Eine Ausnahme bilden Schülerparlamente und Diskussionsrunden, die eine hohe emotionale Labilisierung in sich tragen.[98] Eine interessante Form von Wertetraining, die deutlich an die Methode des Seitenwechsels erinnert, ist die Aufgabe, der sich 195 Jugendliche stellten, die während des elften Jugend-Landtags NRW die Plätze der Abgeordnete einnahmen. An deren Stelle – und unter einem ähnlichen emotionalen Druck – mussten sie Interessen vertreten, Kompromisse schließen, Entscheidungen treffen.[99] Eine

---

[97] Ketschau, M. (2022): Ethiktraining für Führungskräfte – Richtige Entscheidungen treffen. Freiburg, Wehr Freiburger Netzwerk für Unternehmenskultur, prosolvis; Kolletzky, M. (2022): Moralische Kompetenz in Unternehmen fördern: im Ethik Training? Berlin edutrainment company.
[98] Living Democracy (2017 ff.): Sequenz 4: Das Schülerparlament. Zürich Pädagogische Hochschule.
[99] Rheinische Anzeigenblätter (9. November 2021): Joel Schenk aus Holpe vertrat Bodo Löttgen im Landtag. Holpe Düsseldorf RAG-Redaktion.

wirkungsvollere Form des Wertetrainings ist kaum vorstellbar.

Werner Sauter und ich haben versucht, einen systematischen Entwurf zum Thema „Wertetraining" vorzulegen.[100] Leitgedanke war die Überzeugung, dass ein solches Training umso wirksamer ist, je höher die emotionale Labilisierung ohne Schaden für die Trainees angesetzt werden kann. Dabei ergab sich eine klare Stufung:

In der Praxis, im Arbeits- und Kommunikationshandeln, ist mit der höchsten emotionalen Labilisierung zu rechnen. Dabei Erlebtes, gewonnene Expertise, überstandene Krisen und Konflikte, moderne, die Subjektivität stark herausfordernde Managementmethoden wie Scrum, Kanban, Peer Working und andere erzeugen starke emotionale Dissonanzen und Labilisierungen, die hervorragend zum Wertetraining genutzt werden können.

Coaching und Mentoring sind viel weniger, als oft gedacht, Formen von Belehrung und Informationsweitergabe und viel eher, auf Grund von Charisma, Vorbildhaftigkeit, Kameradschaftlichkeit und Kollegialität Formen von Werteresonanz und Aufbau von Wertehaltungen. Nicht so dissonant und manchmal sogar verstörend wie in der Praxis erlebt, aber doch deutlich in emotionale Tiefen vordringend.

Übungen, Trainings im engeren Sinn können emotional hoch labilisierend sein, berühren aber, wenn sie nur als Spielformen wirken, die Emotionen kaum. Realitätsnahe Arrangements wie Übungsfirmen, Präsentations- oder Konflikttrainings können da, richtig gestaltet, sehr wirksam sein, letztere können aber auch wiederum als Spielformen aufgefasst werden. Outdoortraining und Hochseilgarten

---

[100] Erpenbeck, J., Sauter, W. (2022): Wertetraining. Praxis, Coaching, Übung, Bildung für die gezielte Werteentwicklung von Persönlichkeiten. Stuttgart Schäffer und Poeschel Verlag.

führen oft zu hohem emotionalem Aufruhr, erzeugen emotionale Nähe, zuweilen werden sie aber auch nur als nette Freizeitgestaltung abgetan. Sehr wirkungsvoll ist der Seitenwechsel – Chefmanager arbeitet drei Wochen lang in der Armenküche – vor allem um Sozialität als Wertehaltung zu verinnerlichen.

Bildung und Weiterbildung vermehren oft das Wissen um Werte und Werteentwicklungen, verfügen aber in der Regel über wenige Möglichkeiten, emotionale Labilisierungen zu setzen und damit für wirksame Werteverinnerlichung zu sorgen. Es sind nur einzelne Methoden wie Advocatus-Diaboli- oder Post-Mortem-Diskussionen, Nudging, Debiasing, Kongressteilnahmen und vor allem Kunst- und Kulturerlebnisse, wo es zu echter Wertekommunikation und -interiorisation kommt. Schulähnlicher Werteunterricht ist verlorene Liebesmüh.

Damit ist klar – das Fundamentalproblem Werteinteriorisation spielt eine zentrale Rolle bei jeder gezielten Vermittlung von Werten, bei jedem Wertetraining, ob es sich um Genusswerte, Nutzenwerte, ethisch-moralische oder sozialweltanschaulich-politische Werte handelt. Entscheidend ist dabei vor allem die Stärke der emotionalen Erschütterung, des emotionalen Aufruhrs, der emotionalen Labilisierung. Sie wirkt am stärksten in der Praxis physischen oder kommunikativen Handelns, am wenigsten in schulähnlichen Bildungs- und Weiterbildungsformen. Wer das Fundamentalproblem Werteinteriorisation beherrscht, wer die Werteverinnerlichung bedacht zu nutzen und einzusetzen vermag, kann tiefe, handlungswirksame Überzeugungen verankern, aber auch Menschen auf aberwitzige Weise manipulieren. Überzeugung und Manipulation sind manchmal schwer auseinander zu halten.

V – Das Vergleichsproblem: Wie weit lassen sich Werte miteinander vergleichen, oder sind sie unvergleichbar, inkommensurabel?

Der Horatier

Mindestens die Hälfte der Antwort auf diese Frage finde ich in einem unvergleichlich ausdrucksstarken Text von Heiner Müller, den ich hier, notgedrungen stark eingekürzt, wiedergebe:[1]

> „Zwischen der Stadt Rom und der Stadt Alba
> War ein Streit um Herrschaft.
> Gegen die Streitenden
> Standen in Waffen die Etrusker, mächtig.
> Ihren Streit auszumachen vor dem erwarteten Angriff
> Stellten sich gegeneinander
> in Schlachtordnung
> Die gemeinsam Bedrohten. Die Heerführer
> Traten jeder vor sein Heer und sagten
> Einer dem andern: Weil

---

[1] Heiner Müller, H. (2011): Der Horatier. Neu durchgesehene Fassung. Berlin henschel Schauspiel Theaterverlag.

die Schlacht schwächt
Sieger und Besiegte, lasst uns das Los werfen
Damit ein Mann kämpfe für unsere Stadt
Gegen einen Mann, kämpfend für eure Stadt
Aufsparend die andern für
den gemeinsamen Feind ...
Die Lose bestimmten zu kämpfen
Für Rom einen Horatier, für Alba einen Kuriatier.
Der Kuriatier war verlobt der
Schwester des Horatiers ...
Und sie kämpften zwischen den Schlachtreihen
Und der Horatier verwundete den Kuriatier
Und der Kuriatier sagte mit schwindender Stimme:
Schone den Besiegten. Ich bin
Deiner Schwester verlobt.
Und der Horatier schrie:
Meine Braut heißt Rom
Und der Horatier stieß dem Kuriatier
Sein Schwert in den Hals, dass das Blut auf die Erde fiel.
Als nach Rom heimkehrte der Horatier ...
Kam ihm entgegen am östlichen Stadttor
Mit schnellem Schritt seine Schwester und hinter ihr
Sein alter Vater, langsam
Und der Sieger sprang von den Schilden, im Jubel des Volks
Entgegenzunehmen die Umarmung der Schwester.
Aber die Schwester erkannte das blutige Schlachtkleid
Werk ihrer Hände, und schrie und löste ihr Haar auf.
Und der Horatier schalt die trauernde Schwester:
Was schreist du und lösest dein Haar auf.
Rom hat gesiegt. Vor dir steht der Sieger.
Und die Schwester küsste das blutige
Schlachtkleid und schrie:
Rom.
Gib mir wieder, was in diesem Kleid war.
Und der Horatier, im Arm noch den Schwertschwung
Mit dem er getötet hatte den Kuriatier
Um den seine Schwester weinte jetzt

Stieß das Schwert, auf dem das Blut des Beweinten
Noch nicht getrocknet war
In die Brust der Weinenden
Dass das Blut auf die Erde fiel. Er sagte:
Geh zu ihm, den du mehr liebst als Rom.
Das jeder Römerin
Die den Feind betrauert …

…

Und von den Römern einer rief:
Er hat gesiegt. Rom
Herrscht über Alba.
Und von den Römern ein andrer entgegnete:
Er hat seine Schwester getötet.
Und die Römer riefen gegeneinander:
Ehrt den Sieger.
Richtet den Mörder.

…

Und das Volk bestimmte aus seiner Mitte zwei
Recht zu sprechen über den Horatier
Und gab dem einen in die Hand
Den Lorbeer für den Sieger
Und dem andern das Richtbeil, dem Mörder bestimmt
Und der Horatier stand
Zwischen Lorbeer und Beil …

…

Und der Lorbeerträger sagte:
Sein Verdienst löscht seine Schuld
Und der Beilträger sagte:
Seine Schuld löscht sein Verdienst
Und der Lorbeerträger fragte:
Soll der Sieger gerichtet werden?
Und der Beilträger fragte:
Soll der Mörder geehrt werden?
Und der Lorbeerträger sagte:
Wenn der Mörder gerichtet wird
Wird der Sieger gerichtet
Und der Beilträger sagte:
Wenn der Sieger geehrt wird

> Wird der Mörder geehrt.
> Und das Volk blickte auf den unteilbaren einen
> Täter der verschiedenen Taten und schwieg ..."

Nein, ich werde den Ausgang dieser dramatisch-tragischen Szene nicht verraten, wer ihn wissen will, mag nachlesen.[2] Wichtiger ist mir die Frage: Wie würden Sie entscheiden? Durch das Ermöglichen der Vereinigung von Horatiern und Kuriatiern entsteht eine Macht, die den waffenstarrenden Etruskern siegreich entgegen treten kann und damit möglicherweise hunderten Römern und Römerinnen das Leben zu retten vermag. Was zählt da das Leben der einen unglücklichen Frau? Andererseits, wenn man Geschwistermord, Vatermord, Gattenmord, Kindermord ungesühnt ließe, aufgrund welcher höheren Ziele auch immer, würde die Gesellschaft dann nicht im Chaos versinken? Machen Sie es sich mit Ihrer Entscheidung schön schwer, um mitzufühlen, dass es einen gültigen Schiedsspruch kaum geben kann ...

Halt, da wird ja mit zweierlei Maß gemessen, mögen Sie denken. Wer einen anderen Menschen tötet, lädt moralische Schuld auf sich, muss gestraft werden. Andererseits gibt es keinen Kaiser, König, Edelmann, keinen Kanzler, Minister, Präsidenten, keinen Landsknecht, Krieger und Soldat deren soziales, weltanschauliches, politisches Wirken völlig ohne Schuld am Tode von anderen Menschen wäre, vor allem natürlich, wenn sie bei Krieg und Frieden, Duldung oder Abschiebung zu entscheiden oder mitzuwirken haben. Da es keine Welt ohne Kriege geben wird,[3] wird es auch diese Schuld immer geben.

---

[2] Download am 30.11.2022: https://docplayer.org/27032112-Heiner-mueller-der-horatier.html.

[3] Herfried Münkler im Interview: „Es wird keine Welt ohne Krieg geben" (tagesspiegel.de 01.09.2019) https://www.tagesspiegel.de/politik/es-wird-keine-welt-ohne-krieg-geben-4095364.htm.

Aber wir können die beiden Formen von Schuld nicht gegeneinander „aufrechnen", wie es die Horatier-Episode eindringlich zeigt. Ethisch-moralische und sozial-weltanschaulich-politische Werte sind inkommensurabel – das heißt, gegeneinander nicht messbar, nicht wägbar, nicht vergleichbar.[4]

Lebensformen und Werteformen

Wenn wir einen Moment länger darüber nachdenken, fallen uns viele weitere Beispiele ein. Völlig klar hat dies Eduard Spranger, durch vier deutsche Herrschaftszeiten hinweg verehrter und kritisierter Philosoph, in seinem lesenswerten Buch „Lebensformen" formuliert, einem bis heute anregenden Beitrag zum Fundamentalproblem Wertevergleich.[5]

Spranger beschreibt sechs ideale Grundtypen der Individualität. Das sind

- Der theoretische Mensch
- Der ökonomische Mensch
- Der ästhetische Mensch
- Der soziale Mensch
- Der Machtmensch
- Der religiöse Mensch

Diesen Lebensformen liegen je besondere Kulturwerte zugrunde: theoretische, ökonomische, ästhetische, religiöse, soziale und politische Werte. Ohne Schwierigkeiten kann man die ästhetischen Werte den Genusswerten, die theoretischen und ökonomischen Werte den Nutzenwerten, die

---

[4] https://www.dwds.de/wb/kommensurabel (aufgenommen am 20.11.2022).
[5] Spranger, E. (1921): Lebensformen. Geisteswissenschaftliche Psychologie und Ethik der Persönlichkeit. Halle (Saale) Verlag von Max Niemeyer. S. 107–248.

sozialen Werte, so wie Spranger sie beschreibt, vor allem den ethisch-moralischen Werten und die politischen Werte den sozial-weltanschaulich-politischen Werten zuordnen. Die religiösen Werte wirken in alle vier Wertebereiche hinein: sie regulieren Genüsse, sie sind, vor allem in protestantisch-calvinistischer Sicht, den Nutzenwerten verbunden, sie umschließen bis heute wichtige ethisch-moralische Gebote und sie wirken vor allem da, wo es um weltanschauliche Überzeugungen und Identitäten geht, massiv politisch. Sprangers Sicht auf die Lebensformen und Wertegruppen ist bis heute aktuell, man kann sie sinnvoll in die Gegenwart transformieren. Ute Waschulewski verbindet die genannten Lebensformen und Werte mit den gesellschaftlichen „Objektivierungen" Wissenschaft, Wirtschaft, Kunst, Moral, Politik, Kirche/Dogmen und den Leitnormen Wahrheit, Nützlichkeit, Schönheit, Liebe, Macht, Heiligkeit.[6]

Im Zusammenhang mit dem Fundamentalproblem Vergleichbarkeit interessiert mich hier natürlich vor allem ein Kapitel, das Spranger „Die Rangordnung der Werte" nennt. Er führt einige Beispiele an, solche Rangordnungen zu bilden, und stellt dann fest: „Außer dem Versuch, die Wertklassen im Ganzen zu vergleichen, und dem weitergehenden, die objektiven Werthöhen unabhängig von der Klasse miteinander zu vergleichen, ist aber noch ein dritter Standpunkt denkbar: nämlich die Ablehnung aller Vergleichbarkeit der Werte überhaupt. Es hat etwas für sich, wenn man sagt: das wirtschaftliche Erlebnis und das ästhetische Erlebnis d. h. eine Bedürfnisbefriedigung und eine schauende Lust seien von so verschiedener innerer Qualität, dass sie nicht gegeneinander abgewogen werden

---

[6] Waschulewski, U. (2002): Die Wertpsychologie Eduard Sprangers. Eine Untersuchung zur Aktualität der ‚Lebensformen'. Fragebogen zur Erhebung der Wertorientierungen. Münster, New York, München, Berlin Waxmann Verlag.

könnten. Wer will in Geldeinheiten ausdrücken, wie viel mir eine Liebe wert ist, und wer will in Liebeseinheiten ausdrücken, was mein neuer Rock gekostet hat? Wir haben schon früher darauf erwidert, dass alle Werte sich auf dem Boden derselben Seele treffen, dass sie für Sein und Lebensgestaltung gemäß ihrem Gehalt maßgebend sein sollen. *Wir können daher diesem Standpunkt der Inkommensurabilität nur zugeben, dass die verschiedenen Wertqualitäten nicht durcheinander in quantitativen Einheiten ausgedrückt werden können,* halten aber fest, das gerade wegen ihrer verschiedenen Qualität im adäquaten Erleben mit der Qualitätserfassung auch ein verschiedenes Höhenerlebnis in Beziehung auf das Lebensganze verbunden sei. Und nur dies, nicht die Messung nach Einheiten, ist hier gemeint."[7]

An Beispielen vertieft er diesen Gedanken der Inkommensurabilität: „Es wird doch niemand zugeben, dass der theoretische Wert, der für mich daran liegt, dass ich den Pythagoreischen Lehrsatz lerne und einsehe, höher steht als meine regelmäßig Ernährung. Man wird wieder sagen, beides sei *überhaupt nicht kommensurabel,* und man dürfe höchstens den ökonomischen Zeitverlust oder Zeitgewinn, den mir die Beschäftigung mit der Mathematik gewährt, als ein zahlenmäßig Fassbares gegen die Ernährungswerte abwägen. Aber diese Annahme gilt doch nur für die rein ökonomischen Naturen; sie gilt nicht für den, der sein Leben der Wissenschaft widmet und daneben nur den ökonomischen Bedürfnissen gewährt, was ihnen unbedingt zuzubilligen ist."[8] Spranger konstruiert mit vielen Wenns und Abers eine Wertestufung aufgrund der Nähe zum metaphysischen Gehalt, letztlich zu Gott. Dann stehen die wirtschaftlichen Werte als „Nützlichkeitswerte" am tiefsten,

---

[7] Spranger, E. (2021): a. a. O. S. 283.
[8] Ebenda, S. 289.

die religiösen am höchsten.[9] „Je mehr ein Werterlebnis für das Ganze des Lebens bedeutet, umso höher steht es."[10] Damit geht er von der Vergleichung von Werteklassen zur Vergleichung des Intensitätsgehalts der Werteerlebnisse von Menschen über. Den Ansatz einer objektiven, an sich gültigen Tafel der Werte tut er als methodischen Kunstgriff ab: „In Wahrheit tut sich Sinn und Wesen der Werte immer nur im Erleben auf." Dabei muss man allerdings zwischen individuellem und kollektivem Erleben unterscheiden. „Wert ist immer ein Relationsbegriff. Er drückt eine Beziehung zwischen dem Subjekt und dem Gegenstand aus. Eher könnte man daher von einem Gelten als von einem Ansichsein der Werte reden. Denn im Gelten liegt doch immer das ‚für ein Subjekt gelten'."[11] Das Fundamentalproblem des Wertevergleichs wird so mit dem der Geltung verknüpft.

Beispiele für die betrachtete Inkommensurabilität findet man sofort und für alle Grundwerte.

Zwei Drittel der Männer (67 %) und die Hälfte der Frauen (53 %) in Deutschland sind übergewichtig. Ein Viertel der Erwachsenen ist sogar stark adipös. Da liegen ganz offensichtlich Genusswerte und Nutzenwerte im Inkommensurabilitäts-Clinch. Die Herstellung von stark kalorienhaltigen Süßigkeiten müsste aus gesundheitlichen Gründen eigentlich sofort verboten werden (von der Produktion von Zigaretten und Alkoholika ganz zu schweigen), aber Nutzenerwägungen in Form von Profitinteressen tragen auch hier den Sieg im Inkommensurabilitätsstreit davon.

Ein verantwortungsbewusster Unternehmer, der die Hälfte seiner gehüteten Kernmannschaft zu entlassen gezwungen ist, um im härter werdenden Konkurrenzkampf zu überleben, hat schlaflose Nächte aufgrund der In-

---

[9] Ebenda, S. 286.
[10] Ebenda, S. 291.
[11] Ebenda, S. 302.

kommensurabilität von Nutzenwerten und ethisch-moralischen Werten; er weiß genau, was er seinen Angestellten und Mitarbeitern, ihren Familien und Kindern antut, antun muss, damit das Unternehmen überleben kann.

Jeder Produzent oder Verkäufer von Kriegsgerät sieht sich der Inkommensurabilität von politischen, ethisch-moralischen und Nutzenwerten ausgesetzt und entscheidet sich, entgegen jedem Weltethos, für letztere.

Ethisch-moralische und sozial-weltanschaulich-politische Werte sind inkommensurabel – das heißt, gegeneinander nicht messbar, nicht wägbar, nicht vergleichbar. Das ist manchmal leicht, manchmal nur schwer begreifbar. Ein Horatier-Beispiel aus unseren Tagen: „Der Hollywood-Film ‚American Sniper' füllt die US-Kinos und war gerade erst für den Oscar nominiert. Nur zwei Tage nach der Verleihung des Filmpreises wird der Mörder des berühmten Scharfschützen Chris Kyle, um den der Film sich dreht, verurteilt. Die Richter schlossen sich nicht der Argumentation der Verteidiger an, denen zufolge der Angeklagte zum Zeitpunkt der Tat geisteskrank gewesen war. Mehrere Experten hatten ihn für psychisch gesund befunden [...] Kyle wird als erfolgreichster Scharfschütze des US-Militärs beschrieben. Der hochdekorierte Soldat, der viermal im Irak eingesetzt wurde, erschoss nach offizieller Zählung rund 160 Feinde aus dem Hinterhalt. Seine Autobiografie „American Sniper" belegte in vielen Bestseller-Listen die oberen Plätze. [...] Kyles Mörder hatte den 38 Jahre alten Scharfschützen und dessen 35-jährigen Freund auf einem Schießplatz im texanischen Stephenville, 160 km südwestlich von Dallas, mit mehreren Schüssen getötet."[12] Der eine erschießt 160 Menschen und wird dafür, sozial-

---

[12] https://www.tagesspiegel.de/gesellschaft/panorama/eddie-ray-routh-lebenslange-haft-fur-totung-des-us-scharfschutzen-chris-kyle-3612745.html (aufgenommen am 1.12.2022).

weltanschaulich-politisch begründet hoch dekoriert, der andere erschießt zwei Menschen, und wird dafür, ethisch-moralisch begründet, zu lebenslanger Haft verurteilt. Die zugrunde liegenden Werte sind inkommensurabel.

Zumindest die Grundwerte, aber auch andere Schlüsselwerte, sind weder quantitativ noch qualitativ objektivierbar miteinander zu vergleichen oder gegeneinander abzuwägen. Darin liegt ein Kernproblem moderner Politik. Selbstorganisationstheoretisch verstanden: Unterschiedliche Werte-Ordner entspringen unterschiedlichen komplexen, sich selbst organisierenden Strukturen, die durch das Zusammenwirken sehr vieler Menschen spontan zustande kommen. Diesen Sachverhalt hat Eduard Spranger zutreffend im Begriff der Inkommensurabilität eingefangen. Diese Werte sind gegeneinander nicht messbar, nicht wägbar, nicht vergleichbar. Doch sie werden trotzdem ständig bemessen, abgewogen, verglichen. Damit wird dem Fundamentalproblem Wertevergleich die Gewissheit der Ungewissheit aufgeprägt.

Sind Soldaten Mörder?

Nur wenn man eine objektive Geltung und eine objektive hierarchische Ordnung der Werte akzeptiert, kann man „höhere" und „niedrigere" Werte gegeneinanderstellen. Schon Heinrich Rickert wehrte sich dagegen. Eduard Spranger, der die wiedergegebenen wertegegründeten Lebensformen beschrieb und analysierte, brachte den Gedanken der Inkommensurabilität von Werten ins Spiel. Der „religiöse Mensch" ist nicht höherwertig als der „theoretische Mensch" oder der „ökonomische Mensch".

Die Inkommensurabilität von Werten hält viele Stolperfallen für unser Denken und Fühlen bereit. Das zeigen Beispiele der Inkommensurabilität von Genuss-, Nutzen-, ethisch-moralischen und sozial-weltanschaulich-politischen

Werten. Sie lässt sich am deutlichsten zeigen, wenn ethisch-moralische und sozial-weltanschaulich-politische Werte gnadenlos aufeinanderprallen, verglichen oder sogar vermischt werden. Ethisch-moralische Werte haben einen eigenen, zu umreißenden Status, sozial – weltanschaulich-politische Werte einen zu umreißenden anderen. Politischer Moralismus ist ebenso wie moralisierende Politik ein immer wieder begangener Verstoß gegen das Fundamentalproblem des Wertevergleichs.[13]

Bevor ich mich diesem Vergleich verallgemeinernd nähere, will ich die Inkommensurabilität an einem berühmten, furchtbarerweise durch den Ukrainekrieg wieder brandaktuellen Konflikt illustrieren.[14]

„1931 schrieb Kurt Tucholsky in der ,Weltbühne' eine Glosse, darin den Satz: ,Da gab es vier Jahre lang ganze Quadratmeilen Landes, auf denen war der Mord obligatorisch, während er eine halbe Stunde davon entfernt ebenso streng verboten war. Sagte ich: Mord? Natürlich Mord. Soldaten sind Mörder.' [...] Der verantwortliche Redakteur Carl von Ossietzky wurde daraufhin 1932 wegen ,Beleidigung der Reichswehr' angeklagt. In den folgenden Jahrzehnten wurde der Satz zu einer Parole von Pazifisten und Antimilitaristen. Auch in der Geschichte der Bundesrepublik Deutschland war die Aussage ,Soldaten sind Mörder' – vor allem im Zusammenhang mit einer gegen die Bundeswehr gerichteten Einstellung – Anlass für verschiedene Gerichtsverfahren bis hin zum Bundesverfassungsgericht. Dieses entschied zuletzt 1995 im Sinn einer verfassungskonformen Zulässigkeit der Zitatverwendung [...]"

---

[13] Lübbe, H. (2019): Politischer Moralismus: Der Triumph der Gesinnung über die Urteilskraft. Münster LIT Verlag.

[14] Die folgende Darstellung nach https://de.wikipedia.org/wiki/Soldaten_sind_M%C3%B6rder. (aufgenommen am 5.12.2022), ausführlich in: Hepp, M., Otto, V. (1996): ,Soldaten sind Mörder'. Dokumentation einer Debatte 1931–1996. Berlin Christoph Links Verlag.

Schon lange vor Tucholskys Zeit wurde nicht nur der Krieg an sich, sondern auch speziell der Soldatenberuf immer wieder als unethisch kritisiert und das Töten im Krieg auf eine Stufe mit Mord gestellt. So schrieb Cyprian von Karthago (220–258) in einem Brief: „Der Mord ist ein Verbrechen, wenn ein einzelner ihn begeht; aber man ehrt ihn als Tugend und Tapferkeit, wenn ihn viele begehen! Also nicht mehr Unschuld sichert Straflosigkeit zu, sondern die Größe des Verbrechens!"[15] Mehrere Schriftsteller des 18. und 19., dann auch des 20. Jahrhunderts, benutzten das Bild vom Soldaten als Mörder.

Franz Josef Strauß erstattete in zwei Fällen Strafanzeige gegen Pazifisten, die Soldaten als Mörder bezeichneten. Durch die Gerichtsverhandlung wurde der Satz „Soldaten sind Mörder" als Parole von Friedensaktivisten und Antimilitaristen populär. Ab 1984 mussten sich bundesdeutsche Gerichte immer wieder mit Tucholskys Aussage beschäftigen.[16] Aber auch vorher wurden Aussagen ähnlichen Charakters geäußert.

Am 25. Januar 1959 behauptete Martin Niemöller in seiner Kasseler Rede, dass die Ausbildung von Soldaten im Atomzeitalter eine Ausbildung zum Massenmord sei, woraufhin der damalige Verteidigungsminister Franz Josef Strauß Strafanzeige wegen Beleidigung der Bundeswehr erstattete. Die Staatsanwaltschaft erhob jedoch keine Anklage. Ein Auszug aus der Rede Niemöllers: „Denn sie wissen, was sie tun! Krieg ist gegen den Willen Gottes. Nun ja, das ist viel gesagt und gar nichts getan. Mord ist auch gegen den Willen Gottes. Aber damit, dass ich das feststelle und Morde nicht verhindere, habe ich eben noch gar nichts getan. Und damit ist heute die Ausbildung zum Soldaten die

---

[15] Von Carthago, C. (2018): Cæcili Cypriani Episcopi Karthaginiensis Et Martyris Libri Ad Donatum (cap.6), London Forgotten books publishers.

[16] https://de.wikipedia.org/wiki/Soldaten_sind_M%C3%B6rder (aufgenommen am 01.02.2023).

Hohe Schule für Berufsverbrecher. Mütter und Väter sollen wissen, was sie tun, wenn sie ihren Sohn Soldat werden lassen. Sie lassen ihn zum Verbrecher ausbilden."[17]

Es gab viele Situationen in der Bundesrepublik, in denen hochrangige Personen wie der Bundespräsident von Weizsäcker oder Bundeskanzler Kohl sich gegen den Satz wandten, der Bundestag debattierte ihn in einer Aktuellen Stunde öffentlich, ein Ehrenschutzgesetz für Soldaten wurde gefordert. Das Bundesverfassungsgericht befasste sich 1994 und 1995 und noch 2010 damit; Es argumentierte damit, dass „Mörder" nicht in seiner juristischen Definition verstanden werden müsse, die gemäß § 211 StGB lautet: Mörder ist, „wer aus Mordlust, zur Befriedigung des Geschlechtstriebs, aus Habgier oder sonst aus niedrigen Beweggründen, heimtückisch oder grausam oder mit gemeingefährlichen Mitteln oder um eine andere Straftat zu ermöglichen oder zu verdecken, einen Menschen tötet". Verstehe man die Äußerung „Soldaten sind Mörder" als Werturteil, so entzieht sie sich einer Einordnung in die Kategorien wahr oder falsch. Es handele sich dann um eine Meinung, deren Äußerung durch den Art. 5 Abs. 1 GG geschützt ist (Meinungsfreiheit), außer es soll jemand in seiner persönlichen Ehre getroffen werden. Gerichte müssen daher stets eine Abwägung zwischen den Grundrechten der Meinungsfreiheit und der persönlichen Ehre vornehmen.[18]

Besonders problematisch wird es, wenn man davon ausgeht, dass Soldaten von bestimmten Armeen für eine „gute Sache" kämpfen. Dann entscheidet die politische Wertung, wann und welche Soldaten man als Mörder bezeichnen kann. Tatsächlich aber halten die meisten Politiker, die sich

---

[17] Niemöller, M. (1959): Niemöllers Kasseler Rede vom 25. Januar 1959 im vollen Wortlaut. Darmstadt Stimme-Verlag.

[18] Tilmann Perger T. (2002): Ehrenschutz von Soldaten in Deutschland und anderen Staaten. München Dissertation an der Universität der Bundeswehr S. 154 ff.

zu dem Zitat geäußert haben, das Töten im Krieg für gerechtfertigt: „[...] Streitkräfte sind ein konstitutives Element der wehrhaften Demokratie. Damit ist die Tötung, die ein Soldat im Verteidigungsfall vornehmen muss, gerechtfertigt".[19]

Aus diesem Beispiel wird deutlich, dass der „politische Moralismus" – also das Messen politischer Prozesse und Konflikte mit Maßstäben von Ethik und Moral – zu heilloser Verwirrung und zu unaufhebbaren Konflikten führt. Nicht weil Politiker und Ethiker unfähig wären, solche Konflikte zu lösen, sondern weil hier das Fundamentalproblem der Inkommensurabilität – der Unvergleichbarkeit von Grundwerten – seine Schwierigkeiten voll entfaltet.

Die berühmteste und klarste – und für mich beeindruckendste – Abgrenzung vom „politischen Moralismus" stammt von Karl Jaspers. Mit einer jüdischen Frau verheiratet, deshalb seine Professur aufzugeben gezwungen, bis 1945 den gemeinsamen Selbstmord als letzten Ausweg offen haltend, sollte und wollte er sich zur „Schuldfrage" äußern: Wie weit war das deutsche Volk und jeder Einzelne an den schrecklichen Verbrechen der Nazizeit schuld? Konnte man das deutsche Volk schuldig sprechen? Seine noble Antwort: „Die Erörterungen der Schuldfrage leiden an der Vermischung von Begriffen und Gesichtspunkten. Um wahr zu werden, bedarf es der Unterscheidungen [...] Es ist zu unterscheiden: 1. *Kriminelle Schuld*: Verbrechen bestehen in objektiv nachweisbaren Handlungen, die gegen eindeutige Gesetze verstoßen. *Instanz* ist das Gericht [...] 2. *Politische Schuld*: Sie besteht in den Handlungen, der Staatsmänner und in der Staatsbürgerschaft eines Staates, infolge derer ich die Folgen der Handlungen dieses Staates tragen muss, dessen Gewalt ich unterstellt bin und durch dessen Ordnung ich mein Dasein habe (politische Haf-

---

[19] Kolbow, W. (1996): zit. nach Hepp, M., Otto, V. (Hrsg.) a. a. O. S. 139.

tung) [...] *Instanz* ist die Gewalt und der Wille des Sieges in der inneren wie äußeren Politik. Der Erfolg entscheidet [...] 3. *Moralische Schuld*: Für Handlungen, die ich doch immer als dieser einzelne begehe, habe ich moralische Verantwortung, und zwar für alle meine Handlungen, auch für politische und militärische Handlungen, die ich vollziehe. Niemals gilt schlechthin ‚Befehl ist Befehl' [...] Die *Instanz* ist das eigene Gewissen und die Kommunikation mit dem Freunde und dem Nächsten [...] 4. *Metaphysische Schuld*: Es gibt eine Solidarität zwischen Menschen als Menschen, welche einen jeden mit verantwortlich macht für alles Unrecht und alle Ungerechtigkeit in der Welt [...] *Instanz* ist Gott allein."

Diese Unterscheidung trennt völlig klar zwischen ethisch-moralischen Werten (und moralischer Schuld), sozial-weltanschaulich-politischen Werten (und politischer Schuld), umgreifenden Werten (und metaphysischer Schuld, worunter beispielsweise auch Vernachlässigungen von Werten wie Klimabewahrung, Menschheitsbewahrung oder Bewahrung des Planeten fallen würden) und zu sanktionierten Normen umgewandelten Werten (und krimineller Schuld, deren Normenraster natürlich auf genussgeleitete, nutzengeleitete, ethisch, politisch und metaphysisch geleitete Handlungen ausgedehnt werden kann).

Diese Grundwerte sind inkommensurabel, was sich in grundsätzlich unterschiedlicher Haftung ausdrückt. Für kriminelle Schuld haftet der einzelne, kriminell Handelnde. Für politische Schuld, für politische Verbrechen haften alle Staatsbürger, aber nicht der Einzelne. „Über Verbrechen kann der Richter, über politische Haftung der Sieger entscheiden; über moralische Schuld kann wahrhaft nur im liebenden Kampfe unter sich solidarischer Menschen gesprochen werden. Über metaphysische Schuld ist vielleicht

Offenbarung in konkreter Situation, im Werk der Dichtung und der Philosophie möglich, aber kaum persönliche Mitteilung [...]."[20]

Vom Horatier bis zum unschuldigen Soldatenmörder durchzieht die Inkommensurabilität von ethisch-moralischen und sozial-weltanschaulich-politischen Werten die Weltgeschichte. Stirbt ein Kind ist es uns letztlich egal, ob es sich um Kindesmord oder um militärisch-politische Auseinandersetzungen von Religionen oder Staaten handelt, die zu seinem Tode führten. Es ist emotional einfacher, ein Regime verbrecherisch und sein Führungspersonal eine Mörderbande zu nennen – zumal wenn es die Vernichtung von Menschen und riesigen Menschengruppen kühl plant – als genau zu untersuchen, wo einzelne Menschen in oder unter diesem Regime unmoralisch oder verbrecherisch handelten, und wo das Regime durch die Weltgemeinschaft zu verurteilende politische Schuld auf sich geladen hat.

Ist es süß und ehrenhaft, für das Vaterland zu sterben?

Ein letztes Beispiel, das die welthistorische Bedeutung des Fundamentalproblems Inkommensurabilität schlaglichtartig erhellt. Dulce et decorum est pro patria mori – es ist süß und ehrenhaft, für das Vaterland zu sterben. „Der vielzitierte und vielmissbrauchte Vers 13 der zweiten Römerode des Horaz hat für dessen europäische Leser seit den beiden Weltkriegen in steigendem Maße seine Problematik erkennen lassen. Sie findet im jüngsten Kommentar zu dem Gedicht ihren treffenden Ausdruck und zugleich eine etwas verzweifelte Lösung: ‚der Tod', auch der pro patria an und

---

[20] Kaegi, D., Jaspers, K. (2021): Die Schuldfrage. In: Karl Jaspers Gesamtausgabe. Berlin, Basel Schwabe Verlag.

für sich ist niemals ‚süß', aber, weil der Tod fürs Vaterland decorus ist, kann er trotz aller Bitterkeit dulcis sein: der Ruhmgedanke vermag auch den Tod zu versüßen."[21] Um die ethisch-moralische Bitterkeit des individuellen Todes auszuhebeln, werden gleich zwei – völlig inkommensurable – Werte dagegengesetzt: der Genusswert Süße, und der sozial-weltanschaulich-politische Wert Ehrenhaftigkeit. Und dieser fundamentalproblematische Trick reicht bis in die deutschen Befreiungskriege hinein: „Und schlägt unser Stündlein im Schlachtenrot, Willkommen dann, sel'ger Soldatentod!" (Theodor Körner) und weiter, bis ins Heute.[22]

Norbert Bolz hat in einem provozierend einleuchtenden Buch „Keine Macht der Moral! Politik jenseits von Gut und Böse" die Inkommensurabilität betont und den bereits erwähnten Kampf Hermann Lübbes gegen den politischen Moralismus wieder aufgenommen. „Die großen politischen Probleme unserer Zeit können nicht sinnvoll diskutiert werden, weil sie in den Sog eines rigorosen Moralismus hineingeraten sind [...] Gerade die aktuellen Protestbewegungen richten sich gegen die funktionale Ausdifferenzierung, also das Grundprinzip der modernen Gesellschaft. Diese umfasst die Autonomie und Eigenlogik von Wirtschaft und Politik, Recht und Wissenschaft, Religion und Kunst und ist das Resultat einer gesellschaftlichen Evolution, die um 1500 einsetzt. Diese neuzeitliche Ausdifferenzierung ist zunächst nur kritisch wahrgenommen worden, etwa unter Titeln wie ‚Entzweiung' bei Hegel oder ‚Entfremdung' bei Marx. Der Prozess der Entdifferenzierung heute vollzieht sich dagegen im Medium des Moralismus, der politische Probleme eben nicht politisch, sondern moralisch beurteilt [...] Max Webers Grundthese,

---

[21] Hommel, H. (1961): Dulce et decorum ... In: Kroymann, J. (Hrsg.): Eranion. Festschrift für Hildebrecht Hommel, Tübingen Niemeyer Verlag. S. 219.
[22] Ebenda.

dass Politik Kampf ist und nicht ohne Gewalt auskommt, wird heute genauso verdrängt wie Carl Schmitts politische Grundunterscheidung von Freund und Feind. Diese Verdrängung erweist sich immer deutlicher als ein Kampf gegen das Politische selbst – ein Kampf, der mit den Waffen der Emotionalisierung und der Begriffspolitik geführt wird."[23] Das jüngste Beispiel einer solchen Begriffspolitik ist die um sich greifende „cancel culture"[24] der „Sieg der Gesinnung über rationale Urteilsfähigkeit. Nicht die besseren Argumente zählen, sondern zunehmend zur Schau gestellte Haltung und richtige Moral".[25] Um diese Haltung und Moral durchzusetzen, scheut man sich auch nicht vor einer wertegetriebenen Umdeutung des Wirklichen. Begriffe wie „postfaktisch" und „alternative Fakten" haben Konjunktur.[26]

Ganz zweifellos kann man von einem zunehmenden Moralismus sprechen: „Im öffentlichen Diskurs und im persönlichen Miteinander (werden) in zunehmendem Maße auf moralisch problematische Weise moralische Vorwürfe erhoben. Nahezu jeder Bereich unserer Lebenswelt scheint zu einem moralisch verminten Gelände geworden zu sein".[27] Dieser zunehmende Moralismus passiert im Gleichschritt mit der Auflösung traditioneller sozialer Bindungen an Kirchen, Parteien, Gewerkschaften, Vereine. Es

---

[23] Bolz, N. (2021): Keine Macht der Moral! Politik jenseits von Gut und Böse. Berlin Matthes und Seitz Verlag. S. 13.

[24] Daub, A. (2022): Cancel Culture Transfer: Wie eine moralische Panik die Welt erfasst. Das Phänomen „Cancel Culture" verstehen. Frankfurt am Main Suhrkamp Verlag; Boll, U. (2022): Warum sich keiner mehr zu sagen traut, was wirklich ist: Deutschland zwischen Cancel Culture, Political Correctness, und der neuen Feigheit die Wahrheit zu sagen. München Verlag FBV.

[25] Matuschek, M. (2020): https://de.wikipedia.org/wiki/Appell_f%C3%BCr_freie_Debattenr%C3%A4ume (aufgenommen 15.12.2022).

[26] Kumkar, N.C. (2022): Alternative Fakten: Zur Praxis der kommunikativen Erkenntnisverweigerung. Frankfurt am Main Suhrkamp Verlag.

[27] Neuheuser, C., Seidel, C. (2022): Was ist Moralismus? Über Zeigefinger und den Ort der Moral. Ditzingen Philipp Reclam jun. Verlag. S. 7.

gibt kaum noch einheitliche, orientierende Normierungsmächte. Daraus erwächst eine Vielstimmigkeit von Wertevorstellungen und Lebensstilen. Umso gefragter ist eine „höhere Moral, die von Tradition, Kultur oder Religion losgelöst ist [...] als Versuch sich einer geteilten Wertegrundlage zu vergewissern und damit jene Orientierung und damit jenen Zusammenhalt wiederzugewinnen, die einst Tradition, Kultur oder Religion boten".[28]

Wir können also, zusammenfassend, festhalten, dass die Grundwerte und zumindest einige Schlüsselwerte unvergleichbar, nicht gegeneinander messbar, „inkommensurabel", sind. Die Vermischung solcher Werte führt zu außerordentlich problematischen Schlussfolgerungen. Das gilt besonders für die Vermengung ethisch-moralischer und sozial-weltanschaulich-politischer Werte. Was nach ethischem Urteil als Verbrechen gilt, kann unter politischer Sicht als notwendig und sogar als ehrenwert gelten. Das lässt sich beeindruckend an dem Tucholski-Wort „Soldaten sind Mörder" demonstrieren. Das Moralisieren in der Politik führt ebenso wie das Politisieren in der Ethik zu den fragwürdigsten Folgerungen. Gerade weil sich diese Werte im gesellschaftlichen Leben fortwähren überlagern und konterkarieren, muss tiefer nachgedacht werden.

Werte-Kommissionen

Könnte man „ethisch-moralische Werte" und „sozial-weltanschaulich-politische Werte" sauber definieren und klar voneinander abgrenzen, wäre vielleicht einiges gewonnen. Doch habe ich eingangs gezeigt, wie schwer es schon ist, den Begriff des Werts zu bestimmen und eine klare Antwort auf das Fundamentalproblem „Was sind Werte überhaupt?" zu finden. Provisorisch habe ich mir

---

[28] Ebenda, S. 10.

später damit beholfen, einige typisch ethisch-moralische und typisch sozial-weltanschaulich-politische Begriffe zu suchen und einander gegenüber zu stellen,[29] beispielsweise:

Anerkennung, Bescheidenheit, Dankbarkeit, Ehrlichkeit, Empathie, persönliche Freiheit, Freundlichkeit, Friedlichkeit, Gesundheit, Höflichkeit, Humor, Kreativität, Lebenserhaltung, Mitgefühl, Pünktlichkeit, Respekt, Toleranz, Verantwortlichkeit, Zuverlässigkeit – aufseiten der *ethisch-moralischen Werte,*

Menschenwürde, Freiheit, Demokratie, Gleichheit, Rechtsstaatlichkeit, Menschenrechte, Persönlichkeitsrechte, Minderheitenrechte, Pluralismus, Nichtdiskriminierung, Toleranz, Gerechtigkeit, Solidarität, Gendergleichheit, die Grundwerte der Europäischen Union – aufseiten der *sozialweltanschaulich-politischen Werte.*[30]

Bei der Darstellung politischer Theorien der Moderne wird betont, dass sozial-weltanschaulich-politische Werte ein wichtiges Thema sind. Ob es sich um normative politische Theorien handelt, ob in der Nachfolge von John Rawls Gerechtigkeitstheorien oder von Jürgen Habermas Formen herrschaftsfreier Diskurse diskutiert werden, die trotzdem Auseinandersetzungen um Normen und Werte einschließen – stets werden deutlich benannte politische Werte einbezogen.[31] Anders im Dunstkreis der Ethik.

„Wir sind weit davon entfernt, uns einig zu sein, was genau wir zu unserem moralischen Wissen zählen dürfen, und wo wir uns womöglich irren."[32] Insbesondere sind wir

---

[29] Vgl. Abschn. „Wertetraining – vom Fußballtraining zum Demokratietraining".
[30] Amtsblatt der Europäischen Union C 326/13 (26.10.2012): Vertrag über die Europäische Union (konsolidierte Fassung) Artikel 2; Artikel 3: Ziel der Union ist es, den Frieden, ihre Werte und das Wohlergehen ihrer Völker zu fördern.
[31] Beispielsweise in Schaal, G. S., Heidenreich, F. (2009): Einführung in die Politischen Theorien der Moderne. Opladen und Farmington Hills Verlag Barbara Budrich.
[32] Henning, T. (2019): Allgemeine Ethik. Leiden, Boston, Singapore, Paderborn Wilhelm Fink Verlag. S. 7.

weit entfernt davon auch nur halbwegs klar sagen zu können, welche Werte wir zu den ethisch-moralischen zählen dürfen und welche nicht. Niemand würde Demokratie, Rechtsstaatlichkeit, Pluralismus zu den ethisch-moralischen Werten zählen, niemand würde Empathie, Freundlichkeit, Pünktlichkeit den sozial-weltanschaulich-politischen Werten zuordnen. Gefühlsmäßig unterscheiden wir da deutlich. Vernunftmäßig fällt es uns äußerst schwer, Trennlinien zu ziehen.

Ich finde es erleichternd, dass dies auch Ethikern von hohen Graden anscheinend schwer fällt. Oft finden sich in deren Büchern nur wenige Hinweise auf Werte, die spezifisch ethisch-moralischen Normen und Vorgehensweisen zugrunde liegen. Erst recht bleiben andere Werte wie Genusswerte, Nutzenwerte oder politische Werte ausgespart. Tim Henning rechnet Werte generell zu den Bausteinen moralischen Denkens: „Auf der höchsten Ebene lassen sich zwei große Gruppen von Begriffen unterscheiden, mit denen moralisches Denken und Urteilen operiert – Wertbegriffe (oder evaluative Begriffe) und Pflichtbegriffe (oder deontische Begriffe)".[33] Als Wertbegriffe werden „gut", „erstrebenswert", „löblich", „bewundernswert" oder auch „schlecht", „böse", „abstoßend", „gemein" und viele weitere sprachliche Mittel benannt. Heftig diskutiert wird darüber, ob Werte, denen entsprechend pflichtgemäß zu handeln ist, oder Pflichten, in denen und hinter denen sich Werte verbergen, das Primäre sind.[34] Deutlich wird aber auch, dass die Aufzählung der Wertebegriffe sich gar nicht auf spezifisch Ethisch-Moralisches bezieht, sondern nur auf ein einziges Teil des früher gezeichneten „Wertekleeblatts": auf die Maßstäbe einer Wertung. Die ge-

---

[33] Ebenda, S. 29.
[34] Ebenda, S. 40 f.; auch die Wertebegriffe des „Konsequentialismus" klären nur, dass bestimmte Handlungen für bestimmte Subjekte einen Wert haben, sagen aber wenig über das Spezifische der Wertbegriffe. Ebenda S. 54 f.

nannten Wertebegriffe lassen sich als Maßstäbe auch auf Nutzenwerte oder sozial-weltanschaulich-politische Werte anwenden. Damit werden aber Unterschiede, wie sie etwa Karl Jaspers in Bezug auf die Schuldfrage herausarbeitet, eingeebnet. Auch der Bau eines KZ kann von unterschiedlichen historischen Subjekten der Wertung als „gut", „erstrebenswert", „löblich" oder als „schlecht", „böse", „gemein" eingestuft werden. Die eigentlich ethisch-moralischen Wertefragen sind dann doch eher: Welche politische Person oder Organisation urteilt da wann (Subjekt der Wertung), was wird da als KZ gekennzeichnet und beurteilt (Objekt der Wertung), gemäß welchen Nutzens-, ethischen oder politischen Anschauungen geschieht das (Grundlagen der Wertung). Eine Ethik, die andere Wertearten ausschließt, kann man als eine *eliminative Wertesicht* kennzeichnen.

Eine andere Möglichkeit ist es, sozial-weltanschaulich-politische Werte dem Bereich der Ethik einfach einzugemeinden. So finden wir in der umfassenden „Einführung in die Ethik" von Herlinde Pauer-Studer neben einer Übersicht zu normativer Ethik, Metaethik, normativ-ethischen Theorien und angewandter Ethik ein Kapitel zu Wertepluralismus und öffentlichem Vernunftgebrauch.[35] Die Autorin fasst Ethik als Moraltheorie, unter Moral versteht sie „eine Menge von Normen, also Prinzipien, Regeln und Tugenden, die das Verhalten von Menschen und deren Einstellungen zu anderen und zur Umwelt leiten". Das erlaubt ihr, auch das Handeln entsprechend bestimmten politischen Werten, die als gesollt und verbindlich betrachtet werden, der normativen Ethik zuzurechnen. Durch Unterscheidung von Individualmoral – auf ein integres Personsein gerichtet – und Sozialmoral – auf die moralisch gerechtfertigte Gestaltung von Institutionen gerichtet – werden

---

[35] Pauer-Studer, H. (3. Aufl. 2020): Einführung in die Ethik. Wien Facultas Verlag. S. 30–36.

politische Werte direkt in den Ethikdiskurs einbezogen. „Auch die Gestaltung von Institutionen ist ein wichtiges Problem der Ethik. Die Sphäre der öffentlichen Moral oder Sozialmoral, umfasst jene Prinzipien und Grundsätze, die für das ethische Bewusstsein von Gesellschaften, aber auch für die Gestaltung der grundlegenden gesellschaftlichen Institutionen maßgeblich sind. Die öffentliche Moral richtet sich vorrangig auf Fragen der Gerechtigkeit und Gleichheit." Grundlegende gesellschaftliche Institutionen sind mit John Rawls „die Verfassung, das politische System und die wesentlichen wirtschaftlichen und sozialen Einrichtungen und Verhältnisse".[36] Einer Ethik, die außer ethisch-moralischen Wertearten auch andere derart einschließt, kann man eine *integrative Wertesicht* bescheinigen.

Meines Erachtens wird aber sowohl mit einer eliminativen wie mit einer integrativen Wertesicht das Fundamentalproblem der Inkommensurabilität von Werten übergangen. Die in den vorigen Abschnitten dargebotenen Beispiele von Horaz bis Tucholsky waren nur durch eine deutliche Trennung von ethisch-moralischen und sozial-weltanschaulich-politischen Werten und das Verständnis ihres Mit- und Gegeneinanders zu begreifen. Anders wären auch weder die Zunahme von „Bereichsethiken" wie Medizinethik, Bioethik, Wirtschaftsethik, Journalistische Ethik, Politische Ethik und so weiter[37] noch die Inflation von Ethik-Kommissionen[38] zu erklären.

---

[36] Rawls, J. (1979): Eine Theorie der Gerechtigkeit. Frankfurt am Main Suhrkamp Verlag. S. 23–27.

[37] Neuhäuser, C., Raters M.-L., Stoecker, R. (Hrg.) (2023 i. D.): Handbuch Angewandte Ethik. Stuttgart J.B.Metzler Verlag; Nida-Rümelin (Hrg.)(2005): Angewandte Ethik: Die Bereichsethiken und ihre theoretische Fundierung. Ein Handbuch. Stuttgart Alfred Kröner Verlag.

[38] Sautermeister, J. (Hrg.) (2020): Erfahrung – Ethik – Diskurs: Ethik-Kommissionen als Orte ethischen Lernens und ethischer Theorie-Bildung (Ethik und Empirie). Leiden, Paderborn Ethik Kommissionen.

Unternehmensethik handelt ebenso von Unternehmenspolitik, Medizinethik von Gesundheitspolitik, und das oft in scharfen Auseinandersetzungen und Konflikten – man denke etwa an Entscheidungen zu Organtransplantationen oder zu Abtreibungen. Berechtigt werden solche Wertekonflikte durch Kommissionen von Fachleuten und Politikern beraten. Unberechtigterweise werden diese als Ethik-Kommissionen bezeichnet, obgleich es sich bei genauerem Hinsehen *immer* um Werte-Kommissionen handelt, die das Zusammenwirken von ethisch-moralischen, sozial-weltanschaulich-politischen, aber auch von Genuss- und Nutzenwerten abwägen.

Idealerweise geschieht die Arbeit solcher Werte-Kommissionen unter der Voraussetzung „öffentlichen Vernunftgebrauchs", wie es Rawls fordert. Realistischer fordert Jürgen Habermas, dass alle Teilnehmerinnen und Teilnehmer solcher Diskurse auch ihre normativen, also wertebezogenen, Geltungsansprüche einbringen können. In einer nach den Prinzipien der Unparteilichkeit und Fairness geführten Debatte wird dann über deren Gültigkeit möglichst einmütig entschieden. Aus Wertesicht bietet diese Anschauung natürlich das breiteste Feld von Möglichkeiten. Sie gestattet vor allem, Meinungs- und Wertebildung unter den heutigen Bedingungen der neuen Medien und der fragmentierten Öffentlichkeit zu erfassen.[39] Habermas ist damit noch näher an eine Selbstorganisationstheorie der Gesellschaft herangerückt, die Werte als Ordner dieser Selbstorganisation versteht. In dieser Theorie hat das Fundamentalproblem der Inkommensurabilität von Werten einen wichtigen und erfassbaren Platz.

---

[39] Habermas, J. (2022): Ein neuer Strukturwandel der Öffentlichkeit und die deliberative Politik. Berlin Suhrkamp Verlag.

Ich glaube, dass man, grob gerastert, ethisch-moralische und sozial-weltanschaulich-politische Werte folgendermaßen unterscheiden kann:

a) Ethisch-moralische Werte sind stets auf *konkrete Individuen*, auf einzelne Menschen gerichtet.
b) Ethisch-moralische Werte sind *unidirektional*: Kollektive Subjekte können das Denken und Handeln einzelner Menschen ethisch-moralisch werten, kollektive Subjekte sollten nicht ethisch-moralisch gewertet werden; die Gestaltung von Institutionen wäre damit ein sozial-weltanschaulich-politisches Problem, aber keines der Ethik, es sei denn diese Gestaltung führe zu massenhaftem ethisch-moralischem Fehlverhalten von Individuen.
c) Ethisch-moralische Werte gehen vorwiegend von objektiven und subjektiven Bedürfnissen und Interessen *konkreter Individuen* nach gesellschaftlicher Organisation aus.
d) Ethisch-moralische Werte weisen eine *Homogenisierungstendenz* auf: Sie gelten tendenziell für alle konkreten Individuen gleichermaßen, vom Kaiser bis zum Bettler, welchen sozialen Strukturen diese auch zugehörig sind.
e) Ethisch-moralische Werte weisen eine so zu nennende *Verewigungstendenz* auf: Sie gelten scheinbar über viele Stadien sozialer Veränderungen und politischer Umbrüche hinweg, werden von diesen eher modifiziert als außer Kraft gesetzt.
f) Ethisch-moralische Werte bauen auf ein *eigenes Arsenal* von hoch und manchmal unzulässig verallgemeinerten Begriffen auf: Gutes, Pflicht, Gewissen, Ehre, Glück und so weiter.

Dagegen:

a) Sozial-weltanschaulich-politische Werte können sowohl auf *einzelne Menschen wie auf kollektive Subjekte* gerichtet sein.
b) Sozial-weltanschaulich-politische Werte sind *bidirektional*: Einzelne Menschen sowie kollektive Subjekte können das Denken und Handeln einzelner Menschen sowie das anderer kollektiver Subjekte weltanschaulich-politisch werten.
c) Sozial-weltanschaulich-politische Werte gehen vorwiegend von objektiven und subjektiven Bedürfnissen und Interessen *kollektiver Subjekte*, etwa von Institutionen, Parteien, Ländern, Nationen usw. nach gesellschaftlicher Organisation aus.
d) Sozial-weltanschaulich-politische Werte weisen eine *Enthomogenisierungstendenz* auf: Sie beziehen sich auf vielfältig strukturierte, nichthomogene soziale Strukturen und gelten für diese ganz unterschiedlich.
e) Sozial-weltanschaulich-politische Werte weisen eine Tendenz zur *zeitlichen Begrenztheit* auf: soziohistorische Veränderungen, Umwälzungen, Revolutionen erzeugen stets neue Formen von Gruppen-, Klassen-, Nationen- und Völkerwertungen.
f) Sozial-weltanschaulich-politische Werte bauen auf ein *eigenes Arsenal* von hoch und manchmal unzulässig verallgemeinerten Begriffen auf: Freiheit, Gleichheit, Fortschritt, Demokratie, Gerechtigkeit, Solidarität, Patriotismus und so weiter.[40]

In einer Wertegesellschaft, in jeder Wertegesellschaft ist die soziale Verständigung, zuweilen auch die soziale Durchsetzung von gesellschaftsstabilisierenden Werten unumgänglich. Diese kann aber nur gelingen, wenn die Fundamentalprobleme von

---

[40] Erpenbeck, J. (2018): Wertungen, Werte – Das Buch der Grundlagen für Bildung und Organisationsentwicklung. Berlin Springer Verlag. S. 168 f.

Werten einbezogen werden. Dabei muss zunächst auf die **Wertestruktur** *geachtet werden – wer bewertet was auf welcher Wissens- und Wertegrundlage nach welchen Maßstäben. Da Werte nicht wahr oder falsch sind, muss ihre Geltung in solchen Verständigungsprozessen herausgearbeitet, das* **Geltungsproblem** *einbezogen werden. Das* **Interiorisationsproblem** *soll berücksichtigt werden, also wie die bestätigten, geltenden Werte von Verantwortlichen und Handelnden verinnerlicht, interiorisiert werden müssen, um wirken zu können. Schließlich muss man sich einigen, wie man mit dem Problem der* **Inkommensurabilität** *von Werten umzugehen gedenkt. Dann erst ist der Weg zur* **Wirksamkeit** *von neuen, innovativen Werten in der Wertegesellschaft frei.*

Dabei können zu **Werte-Kommissionen** *erweiterte Ethik-Kommissionen eine wichtige Rolle spielen.*

W – Das Wirkungsproblem: Warum sind Werte oft von viel größerer Wirkmächtigkeit als all unser Wissen?

Die Wertegesellschaft und ihre Freunde

Die Gewissheit der Ungewissheit, die Werte wie ein Dunstschleier einhüllt, ist für uns nur schwer zu ertragen.[1] Lieber leben wir mit einer Illusion der Gewissheit.[2] Lieber haben sich die Menschen früherer Jahrhunderte Unvorhergesehenes, Ungewisses mit der Gewissheit von Hexerei erklärt und die Ursachen bekämpft, indem sie die Hexen verbrannten.[3] Lieber haben wir uns den Lauf der Welt

---

[1] Nochmals: Pörksen, B. (Hrsg.)(2018): Die Gewissheit der Ungewissheit: Gespräche zum Konstruktivismus. Heidelberg Carl Auer Verlag.

[2] Hustvedt, S.(2020): Die Illusion der Gewissheit. Hamburg Rowohlt Verlag.

[3] Hein, C. (1987): Von der Magie und den Magiern. In: Erpenbeck, J. (Hrg.): Windvogelviereck. Schriftsteller über Wissenschaften und Wissenschaftler. Berlin Buchverlag der Morgen. S. 11–34.

© Der/die Autor(en), exklusiv lizenziert an Springer-Verlag GmbH, DE, ein Teil von Springer Nature 2023, korrigierte Publikation 2023
J. Erpenbeck, *Werte: Die Fundamentalprobleme*,
https://doi.org/10.1007/978-3-662-67138-2_7

historisch-materialistisch zu erklären versucht, auch wenn viele Erklärungen kaum von Tatsachen gedeckt waren.[4]

Die vielleicht wunderbarste Illusion von Gewissheit schuf der große Philosoph, Physiker und Mathematiker Gottfried Wilhelm Leibniz. Als Mitglied der Leibniz-Sozietät, Nachfolgerin der Preußischen Akademie der Wissenschaften, stelle ich seinen Gedankengang mit besonderer Sympathie vor. Leibniz glaubte an die völlige Berechenbarkeit der Welt und erfand dafür eine eigene mathematische Universalsprache (characteristica universalis), ein Alphabet des menschlichen Denkens, dessen „Buchstabenkombinationen" alle menschlichen Begriffe mechanisch auf Grundbegriffe zurückführen, womit man alle wahren Sätze mechanisch erhält.[5] Damit würde man sofort eine Übereinkunft über die Wahrheit von Aussagen erlangen, und wenn eine solche Sprache realisiert wird, „werden zwei Philosophen, die in einen Streit geraten, nicht anders argumentieren als zwei Rechenmeister. Es genügt, dass sie eine Feder in die Hand nehmen, sich vor ein Täfelchen setzen und zueinander sagen: ‚Calculemus!' (Rechnen wir!)"[6] Welch erlösender Gedanke – nach dem Dreißigjährigen Krieg! – wenn beispielsweise statt der aufeinander treffenden Heere zwei Heerführer sich gegenübersäßen und nur sagten: Rechnen wir!

Die französische Revolution, die Napoleonischen Kriege zerfetzten solche Illusionen endgültig, und ein großer Den-

---

[4] Woods, A. (2019): Historischer Materialismus: Eine Einführung in die marxistische Geschichtsphilosophie. Wien Verein Gesellschaft und Politik; Habermas, J. (1976): Zur Rekonstruktion des Historischen Materialismus. Frankfurt am Main Suhrkamp Verlag.
[5] Blanke, D. (1996): Leibniz und die Lingua Universalis. Sitzungsberichte der Leibniz-Sozietät 13(1996)5 S. 27–35; https://de.wikipedia.org/wiki/Gottfried_Wilhelm_Leibniz#cite_note-43 (aufgenommen am 25.12.2022).
[6] Gottfried Wilhelm Leibniz: Die Philosophischen Schriften. C. J. Gerhardt (Hrsg.), Berlin/Leipzig, 1875–1890, Nachdruck: Hildesheim, 1960/1961, Band 7, S. 198–201.

ker wie Hegel besann sich, seine Dialektik vollendend, auf den berühmten Satz des Heraklit: „Alles fließt". Nichts ist stabil, alles wird aufgehoben, aufgehoben, aufgehoben ... „Das Ewige regt sich fort in allen, Denn alles muss in Nichts zerfallen, Wenn es im Sein beharren will"[7] nahm Johann Wolfgang Goethe seinen Gedanken auf. Vom Sein zum Werden, Stabilität und Störung im ewigen Wandel.

In Maßen finden wir Werden und Entwicklung gut, begrüßenswert, zumindest wenn sie uns mitreißen. Im Übermaß verunsichern, ja verängstigen sie uns, wir sehnen uns nach Ruhe und Stabilität. Die Krux alles andauernd Revolutionären, auch wenn es sich nicht zu stalinistischer Monstrosität weitet.

Da kommt eine entscheidende Überlegung Friedrich Nietzsches ins Spiel. Er sieht die Geschichte von einem selbstorganisativen Prozess angetrieben, den er als Wille zur Macht kennzeichnet. Eben weil es sich um Selbstorganisation handelt, ist ein Ziel nicht absehbar, die Zukunft offen. Alles was bisher Moral und Glaube war, hatte aber die Funktion, genau diese Selbstorganisation zu unterlaufen, die Gegenwart zu stabilisieren, den Status quo zu konservieren, nicht auf die Zukunftserwartung, sondern auf die vergangene Erfahrung zu blicken: „Von den Werten aus, die dem Seienden beigelegt werden, stammt die Verurteilung und Unzufriedenheit im Werdenden: nachdem eine solche Welt des Seins erst erfunden war".[8] Vom „Sein zum Werden" soll also die neue Werteanschauung gehen, zu den „Wertgefühlen des Lebens";[9] ganz „neue Werte"[10] sind gefordert. Damit ist eine ganz neue, fundamentale

---

[7] Goethe, J.W. (1988): Eins und Alles. In: Goethe, J.W.: Werke Hamburger Ausgabe. Bd.1 München Deutscher Taschenbuch Verlag. S. 369.
[8] Nietzsche, F. (1980): Aus dem Nachlass der Achtzigerjahre. In: ders.: Werke in sechs Bänden, Bd. 6, München, Wien Carl Hanser Verlag. S. 895.
[9] Ebenda, S. 736.
[10] Ebenda, S. 635.

Bestimmung der sozialen Funktion von Werten angedeutet. Werte sind Inseln einer *relativen* Stabilität im Werden; der einzig *absolute* Wert ist der Wert des Werdens selbst.[11] Alle Subjekte innerhalb dieses Werdens, Individuen, Gruppen, Organisationen, Staaten sind dementsprechend bestrebt, ihre relative Stabilität zu erhalten und auszubauen. Folglich müssen sie Methoden finden, Werte für einige Zeit, für einige Generationen oder über noch längere Zeiträume hinweg stabil zu halten. Das geschieht unter anderem mithilfe von Werteerziehung und Normensanktionierung.

Ich wiederhole seinen Gedankengang:[12] „Wie wird es erreicht, dass eine große Menge Dinge tut, zu denen der Einzelne sich nie verstehen würde? – Durch Zerteilung der Verantwortlichkeit, des Befehlens und der Ausführung. Durch Zwischenlegung der Tugenden des Gehorsams, der Pflicht, der Vaterlands- und Fürstenliebe. Durch Aufrechterhaltung des Stolzes, der Strenge, der Stärke, des Hasses, der Rache." Gerade dies ist ein Kernproblem jeder Wertetheorie: Wie werden sozial erarbeitete oder auch neu aufkommende Werte so von vielen Einzelnen verinnerlicht, zu individuell handlungsleitenden Emotionen und Motivationen, dass sie im Mittel sozial – dem Staat, dem Stand, der Familie usw. – dienlich sind? Ich bin auf dieses Fundamentalproblem bereits im Abschnitt Interiorisation ausführlich eingegangen.

Hier bahnt sich nun eine überraschende, eine böse Pointe an. Werte dienen nicht immer, vielleicht nicht einmal mehrheitlich dem Fortschritt der Menschen, der Menschheit. Sie dienen oft dem Erhalt individueller oder sozialer Stabilität im Fluss des Werdens. Die Idee des Fortschritts ist eine geschichtsbezogene Werteidee. Fortschritt ist selbst ein heiß umkämpftes philosophisches und politisches Werte-

---

[11] Ebenda, S. 684.
[12] Vgl. den Abschn. „Psychologie und Psychologismus".

problem.[13] Akzeptiert man, dass menschliche Gesellschaften immer Wertegesellschaften sind, ist man gezwungen, diese Janusköpfigkeit von Werten zu akzeptieren und einzubeziehen.[14] Man wird zum verständigen Kenner, eventuell sogar zum Freund von Wertegesellschaften, allerdings ohne ihre oft fürchterlichen, menschenverachtenden, manchmal weltuntergangsnahen Wertekonstrukte auch nur im entferntesten zu akzeptieren.

Ja, wir leben in einer Wertegesellschaft und erleben mit Erstaunen und manchmal mit Entsetzen, wie sie die Wissensgesellschaft – geprägt von durchgreifender Digitalisierung, Wissensexplosion und Bildungsexpansion – aushebelt, überrollt, dominiert und zuweilen ins Absurde abdrängt. Nationalistisch begründete Werteurteile, illiberale Werteorientierungen, identitäre Wertehaltungen erzeugen trotz all unseres rasend wachsenden Wissens, trotz der sich weiter entfaltenden Wissenschaften ein Klima von Angst, Unsicherheit und Ungewissheit. Über je mehr Wissen wir verfügen, desto wichtiger werden Werte, um in dieser Überfülle überhaupt Entscheidungen treffen und handeln zu können. *Nicht wertegestütztes Wissen sondern wissensgestützte Werte führen uns zur Zukunft – oder zum Untergang.*

„Die offene Gesellschaft und ihre Feinde" benannte Karl Popper 1945 sein demokratisches Manifest.[15] Geprägt und belehrt von Erfahrungen mit Faschismus und Stalinismus und einer Fülle von historischen Beispielen entwickelte er eine Gesellschaftsutopie von wissensgesellschaftlichem Zuschnitt. In Bezug auf das Fundamentalproblem der Wir-

---

[13] Norberg, J. (2020): Fortschritt. Ein Motivationsbuch für Weltverbesserer. München FinanzBuch Verlag; Rorty, R. (2003): Wahrheit und Fortschritt. Frankfurt am Main Suhrkamp Verlag.

[14] Erpenbeck, J., Sauter, W. (2020): Die Wertegesellschaft. Formen-Folgerungen-Fragen. Berlin Springer Verlag.

[15] Popper, K. (6. Aufl. 1980): Die offene Gesellschaft und ihre Feinde I. Der Zauber Platons. München A.Francke Verlag.

kung von Werten sind seine Ergebnisse zwiespältig. Auf der einen Seite präpariert er gedankenscharf und oft scharfzüngig philosophie- und sozialhistorische Wertevorstellungen heraus, die handlungsleitend waren, wurden oder werden sollten, wie ihre Verfechter erhofften. Platon, Hegel, Marx sind primäre Ziele seiner Polemik.

Bei *Platon* konstatiert er einen Hass auf die – attische – Demokratie, die ihn zur Verteidigung der Lüge, der politischen Wunder, des Aberglaubens, der Unterdrückung der Wahrheit und schließlich der brutalen Gewalt führten. Im Detail aufgefächert sind die kritisierten Lügen, Wunderannahmen und Formen von Aberglauben aber überwiegend Werteannahmen oder wertende Glaubenskonglomerate, die ganz gewiss mit einer Angst vor befürchtetem Wandel, vor Instabilität zu tun hatten.[16] Doch welche „Wahrheit" wurde mit brutaler Gewalt unterdrückt? Wer war im Besitz der Wahrheit? Werte sind für den Wissenschaftsphilosophen Popper Aberglauben, der Wissensentwicklung und Wahrheitsfindung entgegengesetzt.

Bei *Hegel* stellt er fest, dass „dessen Ruhm von jenen begründet [wurde], die eine schnelle Einführung in die tiefen Mysterien der Welt der mühevollen Kleinarbeit einer Wissenschaft vorziehen, einer Wissenschaft, deren Unfähigkeit, alle Geheimnisse mit einem Schlag zu enthüllen, nur enttäuschen kann. Denn sie hatten es bald heraus, dass es keine Methode gab, die sich mit so spielerischer Leichtigkeit, zugleich aber mit so eindrucksvoller (wenn auch nur scheinbarer) Schwierigkeit auf jedes beliebige Problem anwenden ließ. Nichts führte so schnell zu sicherem, aber imponierendem Erfolg, und nichts konnte mit so geringem Aufwand an Denken und mit so wenig wissenschaftlichem Studium und wissenschaftlicher Erkenntnis zu einer imponierenden Schaustellung scheinbarer Wissenschaftlich-

---

[16] Ebenda, S. 64–125.

keit führen als die Hegelsche Dialektik, jene magische Methode, die die ‚unfruchtbare formale Logik' ersetzte."[17] Nachdrücklich kritisiert Popper den Hegelschen Historizismus, wonach sich die Geschichte angeblich unaufhaltsam nach universellen Gesetzen entfalte. Ihm setzte er eine wirkliche Wissenschaftlichkeit entgegen, die er in seinen „Vermutungen und Widerlegungen" methodisch umriss.[18]

Besonders *Marx* klagt er das Historizismus an. Nach Lobeshymnen auf den großartigen Denker und auf sein großartiges Lebenswerk, „Das Kapital", kritisiert er dessen „ökonomischen Determinismus" und vor allem dessen „prophetischen Historizismus". Die „Verkündigung des Sozialismus" und die „Prophezeiung der bevorstehenden Ankunft einer klassenlosen Gesellschaft"[19] sind fraglos weltanschauliche Wertekerne vieler in der zweiten Hälfte des 20. Jahrhunderts entstandener, sich sozialistisch verstehender Staaten, insbesondere natürlich der Sowjetunion und der Volksdemokratien. Wie wenig wissenschaftlich verifizierbar diese Prophezeiungen waren, erwies die historische Entwicklung höchstselbst. Insofern ist die Kritik am Historizismus gerechtfertigt.[20] Und doch steht hinter dieser Kritik eine Haltung, welche die Bedeutung und Eigenständigkeit von Werten gegenüber einzelwissenschaftlichem Wissen einfach ausklammert. Popper hat selbst seine Kritik am „Elend des Historizismus" bündig zusammengefasst:

---

[17] Popper, K. R. (6. Aufl. 1980): Die offene Gesellschaft und ihre Feinde II. Falsche Propheten. Hegel, Marx und die Folgen. München A.Francke Verlag. S. 37.

[18] Keuth, H., Popper, K. R. (2. Aufl. 2009): Wissenschaftsentwicklung. Gesammelte Werke in deutscher Sprache: Band 10: Vermutungen und Widerlegungen. Das Wachstum der wissenschaftlichen Erkenntnis (Karl R. Popper Gesammelte Werke, Band 10).

[19] Popper, K. R. (6. Aufl. 1980): Die offene Gesellschaft und ihre Feinde. München Francke Verlag. Bd.2 S. 167 ff.

[20] Soros, G, (2019): Für die Verteidigung der offenen Gesellschaft. Kulmbach Plassen Verlag.

1. „Der Ablauf der menschlichen Geschichte wird stark beeinflusst durch das Anwachsen des menschlichen Wissens.
2. Wir können mit rational-wissenschaftlichen Methoden das zukünftige Anwachsen unserer wissenschaftlichen Erkenntnisse nicht vorhersagen.
3. Daher können wir den zukünftigen Verlauf der menschlichen Geschichte nicht vorhersagen.
4. Das bedeutet, dass wir die Möglichkeit einer theoretischen Geschichtswissenschaft verneinen müssen, also die Möglichkeit einer historischen Sozialwissenschaft, die der theoretischen Physik oder der Astronomie des Sonnensystems entsprechen würde. Eine wissenschaftliche Theorie der geschichtlichen Entwicklung als Grundlage historischer Prognosen ist unmöglich.
5. Das Hauptziel der historizistischen Methoden […] ist daher falsch gewählt und damit ist der Historizismus widerlegt."[21]

Den Punkten 1. bis 3. ist kaum zu widersprechen, doch müsste man vielleicht neben dem Anwachsen des Wissens das Anwachsen der Werte und Wertevorstellungen hinzufügen und das Methodenarsenal um phänomenologische, hermeneutische, werteverstehende und ähnliche Methoden erweitern. Punkt 4. betont in aller Deutlichkeit, dass Popper unter theoretischen Geschichtswissenschaften, unter historischen Sozialwissenschaften eher analytisch-mechanizistische Formen wissenschaftlichen Vorgehens, analog Physik oder Astronomie versteht. Dass damit Prognosen geschichtlicher Entwicklungen unmöglich sind, versteht sich von selbst. Bemerkenswert ist aber, dass auch

---

[21] Popper, K. R. (1957, 1987): Das Elend des Historizismus. Tübingen Verlag Mohr Siebeck. S. XI f.; Der Historizist will den Sinn des Spiels begreifen, das auf der historischen Bühne aufgeführt wird, indem er versucht, die Gesetze der historischen Entwicklung zu finden. Und wenn ihm dies gelungen ist, so kann er damit auch zukünftige Entwicklungen voraussagen. https://de.wikipedia.org/wiki/Historizismus#cite_note-3 (aufgenommen am 17.12.2022).

unter Einbeziehung der neuen Gedanken über dissipative Strukturen, Irreversibilität und Selbstorganisation, insbesondere der Synergetik – und des Verständnisses von Werten als Ordnern der Selbstorganisation nach Haken – keine solche Prognosen möglich sind.

Historische Entwicklungsprozesse und die in ihnen wirkenden ethischen, kulturellen, juristischen, religiösen und politischen Wertevorstellungen können selbstorganisationstheoretisch neu und tiefer verstanden werden. Sie lassen sich in überschaubaren sozialen Bereichen sogar verändern und trainieren. Wir können den Ablauf menschlicher Geschichte aber umso weniger voraussagen, als zu dem Anwachsen wissenschaftlicher Erkenntnisse das Anwachsen menschlicher Werte von Allem und Jedem in rationalen, aber auch in völlig irrationalen Formen hinzukommt. Eine wirklich offene Gesellschaft ist auch für solche Werte offen. Wenn diese aber ihre sozial-weltanschaulich-politischen Wirkungen entfalten, ist oft Schluss mit der Offenheit.

Die Betrachtung mündet also in einem Paradox: Die offene Gesellschaft im Sinn von Popper ist nicht offen für un- oder antidemokratische Werte, Wertehaltungen und Wertekonstrukte. Diese nehmen gegenwärtig und in absehbarer Zukunft aber eher zu als ab. Sie beherrschen auch nahezu alle historischen Entwicklungsprozesse, soweit wir sie überschauen. Die offene Gesellschaft erweist sich damit selbst als eine – sympathische, anstrebenswerte, demokratiefördernde – Werteutopie. Dass der zukünftige Verlauf der menschlichen Geschichte nicht vorhergesagt werden kann, hängt sicher auch mit dem Anwachsen menschlicher Erkenntnisse, menschlichen Wissens zusammen. Viel mehr aber doch mit der Unvorhersehbarkeit sozial-historischer Selbstorganisation und der dabei entstehenden Ordner, der Werte und Wertevorstellungen.

Mächtigkeit und Macht der Werte

Dass neues, innovatives Wissen, zumal technisch und industriell umgesetzt, von hoher gesellschaftlicher Wirkmächtigkeit ist, lässt sich in jeder Technik- oder Wirtschaftsgeschichte nachlesen. Die Bedeutung des mechanischen Webstuhls, des Dampf- und Benzinantriebs von Lokomotiven und Kraftwagen, der unendlichen Möglichkeiten von Elektrizität und Funkwellen ist jedem geläufig, ebenso wie Fluch und Segen der Radioaktivität. Dass ethisch-moralische und weltanschaulich-politische Werte von hoher gesellschaftlicher Wirkmächtigkeit sind, lehrt auch der unsystematischste Blick in Geschichtsbücher, die aufzuzeichnen versuchen, „was wirklich war".[22] Wie beides zusammenhängt, ist Gegenstand tiefgründiger geschichtswissenschaftlicher und philosophischer Auseinandersetzungen. Ob und in welcher Weise eine Basis-Überbau-Dialektik statthat,[23] ob und wie nomothetische (gesetzesorientierte) Naturwissenschaften und idiografische (beschreibungsorientierte) Geisteswissenschaften zusammen- oder gegeneinander wirken,[24] ob und wie Wissensgesellschaft und Wertegesellschaft miteinander verzahnt sind,[25] ist Gegenstand tiefer lotender Untersuchungen und Auseinandersetzungen.

Aber mir geht es hier ausschließlich um das Fundamentalproblem: Warum sind Werte oft von viel größerer Wirkmächtigkeit, als all unser Wissen?

---

[22] Harrison, L. E. (2002): Streit um Werte. München, Berlin Europa Verlag.
[23] Bauer, A., Crüger, H., Koch, G., Zak, C. (1974): Basis und Überbau der Gesellschaft. Grundfragen der marxistisch-leninistischen Philosophie. Berlin Dietz Verlag.
[24] Wilhelm Windelband, W. (3. Aufl. 1904): Geschichte und Naturwissenschaft. Straßburg Heitz Verlag 1904; Heinrich Rickert, H. (1899): Kulturwissenschaft und Naturwissenschaft. Freiburg J.B.C. Mohr Verlag.
[25] Erpenbeck, J., Sauter, W. (2020): Die Wertegesellschaft. Formen-Folgerungen-Fragen. Berlin Springer Verlag.

Dazu knüpfe ich an Karl Poppers erste drei Aussagen über die Denkunmöglichkeit eines wissenschaftlichen Historizismus an: Der Ablauf der menschlichen Geschichte wird stark beeinflusst durch das Anwachsen des menschlichen Wissens. Aber wir können mit rational-wissenschaftlichen Methoden das zukünftige Anwachsen unserer wissenschaftlichen Erkenntnisse nicht vorhersagen. Daher können wir auch den zukünftigen Verlauf der menschlichen Geschichte nicht vorhersagen.

Popper spricht absichtsvoll nicht von einem linearen oder exponentiellen oder noch schnellerem Wachstum. Er charakterisiert es lediglich durch die Tatsache, dass wir dieses Wachstum mit „rational-wissenschaftlichen Methoden" nicht vorhersagen können. Damit lässt er Raum für ein selbstorganisiertes Wachstum des Wissens, das sich, wie Selbstorganisationsprozesse generell, nicht „teleologisch" – also als zielgerichtet – vorhersagen lässt. Insoweit ist jede Wertetheorie, die Werte als Ordner von individueller und sozialer Selbstorganisation des Handelns begreift, von vornherein antihistoristisch.

Eine andere Folgerung würde Popper wahrscheinlich weniger behagen. Die Auffassung von Werten als Ordnern bekräftigt zwar den Antihistorizismus, weist aber dem Anwachsen des menschlichen Wissens und der Begrenztheit rational-wissenschaftlicher Methoden nur eine Nebenrolle bei der Erklärung zu, dass die menschliche Geschichte nicht historizistisch vorhergesagt werden kann. Dazu kann man meines Erachtens auch die quantitative Argumentation Poppers weiterführen.

Erinnern wir uns an die Struktur von Werten in Form des „Wertekleeblatts". Alles von Popper angeführte menschliche Wissen, alle dadurch erfassten Dinge, Eigenschaften, Relationen, Prozesse, alle rational-wissenschaftlichen Methoden können im Prinzip genussbezogen, nutzenbezogen, ethisch-moralisch und sozial-weltanschaulich-politisch, sie können juristisch, ästhetisch, künstlerisch, kulturell, religiös und so fort gewertet werden, also als *Objekte der Wertung* fungieren. Aber auch andere individuelle oder kollektive Subjekte können ihrerseits Objekte von Wertungen sein. Ein Unternehmen kann andere Unternehmen, es kann eigene und fremde Teams und Gruppen, es kann Mitarbeiter und andere Personen und ihre Handlungen, Ideen, Vorschläge und Irrwege bewerten. Es kann sich selbst werten, eine Selbstwertung vornehmen. Alle Familien, Gruppen, Verbände, Gefüge, Netzwerke, Bündnisse, Organisationen, Schichten, Klassen, Nationen, Völker und weitere kollektive Subjekte, ihre Produkte und Entäußerungen können Objekte einer Wertung werden. Im Prinzip kann jedes Subjekt der Wertung jedes Objekt der Wertung unter den angeführten Blickwinkeln werten. Entsprechend entwickeln Individuen genussbezogene, nutzenbezogene, ethisch-moralische, sozial-weltanschaulich-politische, ästhetische, künstlerische, kulturelle, religiöse und andere Emotionen. Individuen sind besonders wichtig, weil die Wertungen aller kollektiven Subjekte letztlich zu individuellen Emotionen interiorisiert werden müssen, um wirksam zu werden. Auch die physischen und geistigen „Produkte" dieser Subjekte können ihrerseits zu Wertungsobjekten werden, und so ins Unendliche. Jeder Mensch kann im Prinzip alle und alles werten. Aber auch eine Gesellschaft kann alles und alle und schließlich auch sich selbst werten. Nicht alles lässt sich erkennen. Doch ausnahmslos alles, auch das, was nicht erkennbar ist, lässt sich werten. Werte haben eine im mengentheoretischen Sinn größere Mächtigkeit als Wissen.

Als *Subjekte der Wertung* können neben einzelnen Menschen beliebige Strukturen menschlichen Zusammenwirkens fungieren: Wie bereits aufgeführt Familien, Gruppen, Verbände, Gefüge, Netzwerke, Bündnisse, Organisationen, Schichten, Klassen, Nationen, Völker und weitere.

Grundlagen der Wertung sind zunächst alle faktischen und methodischen Wissensbestände, die zum Wertungszeitpunkt vorliegen und von den Subjekten zumindest prinzipiell benutzt werden können. Hinzu kommen aber alle bereits genannten genussbezogenen, nutzenbezogenen, ethisch-moralischen und sozial-weltanschaulich-politischen, alle ästhetischen, kulturellen, religiösen und weiteren Wertungen, die den wertenden Subjekten zur Verfügung stehen. Die Erfahrungen, Meinungen, Bedürfnisse, Interessen und Gefühle individueller und kollektiver Subjekte der Wertung, die Grundlagen der Wertung bilden, können aus ganz unterschiedlichen Bereichen entstammen. Sie können von natur-, human- und sozialwissenschaftlichen Erkenntnissen her stammen, unabhängig davon, ob diese wahr oder falsch, ob sie dem Subjekt bewusst sind oder nicht. Hinzu muss man aber auch alle weltanschaulichen, ästhetischen, kulturellen, religiösen Fiktionen zählen, die oft rein fantastischer Natur sind, dafür jedoch eine umso mächtiger eingreifende Wirkung entfalten. Auch reine Fantasien und Fabeln, unbewiesene Vermutungen, „alternative Fakten" und akzeptierte Lügen können Grundlagen der Wertungen bilden. Dabei können völlig irrsinnige Grundlagen zu einigermaßen akzeptablen Wertungen und Handlungen führen, während völlig irrsinnige Wertungen und Handlungen von durchaus akzeptablen Grundlagen ausgehen können. *Die Anerkennung und Würdigung des Irrationalen* ist ein wesentlich schwerer wiegendes Argument gegen den Historizismus, als nur die Wissens-, Theorien- und Wertevielfalt.[26] Dabei geht es nicht um eine positive oder negative Anerkennung, sondern allein um die Feststellung, dass und in

---

[26] Sehr schön ausgedrückt in: Kirchhöfer, D. (2015:): Wider die Rationalität! Für eine anthropologische Öffnung der Pädagogik. Berlin Frank und Timme Verlag.

welchem Maß dies mit dem Intellektualismus der Wissensgesellschaft kontrastiert. Das Irrationale ist es, das die größere Wirkmächtigkeit von Werten gegenüber dem Wissen mit erzeugt. Es gibt unendlich viele Möglichkeiten, irrational, ja irrsinnig zu handeln!

Je nachdem, welches Gewicht man Wertungen zumisst, welche *Maßstäbe der Wertung* man anlegt, spalten sich die Wertungen in weitere Myriaden von Wertungsmöglichkeiten auf.

Die *Mächtigkeit* der Menge möglicher Werte ist höher als die der Menge des Wissens zu einem gegebenen Zeitpunkt. Ich benutze hier symbolisch den Begriff der Mächtigkeit aus der Mathematik. Er ist nach Georg Kantor ein Maß für die Größe einer mathematischen Menge. Man benutzt ihn vor allem für unendliche Mengen. Die Frage nach der größten Mächtigkeit einer Menge beantwortet der Satz von Cantor: Für jede Menge *A* ist die Potenzmenge **P**(*A*) mächtiger als die Menge *A*. Als Potenzmenge bezeichnet man in der Mengenlehre die Menge aller Teilmengen einer gegebenen Grundmenge.[27] Die Menge des global vorhandenen Wissens lässt sich überschläglich annehmen. Da sich jedes Element dieses Wissens im eben gezeigten Sinn symbolisch unendlich oft und vielfältig werten lässt, ist die Mächtigkeit der Menge von Wissen *und* Werten als Potenzmenge von höherer Mächtigkeit als die Menge des Wissens allein.

Die Wertegesellschaft ist folglich von größerer Mächtigkeit als die Wissensgesellschaft. Und ihre Macht ist viel größer, weil sie überall dort, wo zu wenig, zu fehlerhaftes oder gar kein Wissen vorhanden ist, um Probleme zu lösen oder Entscheidungen zu treffen, Werte ins Feld führen und wertegestütztes Handeln initiieren kann. Alle wichtigen öko-

---

[27] Ebbinghaus, H.-D. (2021): Mächtigkeiten. In: ders.: Einführung in die Mengenlehre. Berlin Springer Verlag, S. 123 ff.

nomischen, ethischen und politischen Entscheidungen benutzen zwar vorhandenes Wissen, lassen sich aber letztlich immer auf einschlägige Werte und Werteentscheidungen zurückführen. Alle Macht den Werten scheint eine jeglicher historischen Entwicklung zugrunde liegende Maxime zu sein.

Braucht der Mensch Feinde, wird es immer Krieg geben?

Es fällt uns leicht, eine Welt friedvoller Gutmenschen zu erfinden und auszumalen.[28] Leider spricht nicht viel dafür, aber viel dagegen. Die Geschichte ist schon immer durchsetzt mit militärischen Auseinandersetzungen und Katastrophen, Scharmützeln, Feindseligkeiten. Auch wenn man mit guten Gründen den Beginn der Zivilisationen einige zehntausend Jahre zurück verlegt, ist von Friedlichkeit und Güte kaum die Rede.[29]

Wir haben an anderer Stelle verfolgt, wie sich die Fähigkeit, Umweltgegebenheiten zutreffend zu erkennen und die Fähigkeit, Umweltgegebenheiten zum eigenen Genuss und Nutzen zu werten, in der biologischen Evolution gleichzeitig herausbilden.[30] Das berühmte Pantoffeltierchen kann die Umweltgegebenheit Hell–Dunkel erkennen und unterscheiden, und es wertet – durch die Evolution programmiert – Hell als nährstoffreich, Dunkel als nährstoffarm. Und schwimmt in Richtung nährstoffreich davon. Immer differenzierter, immer informationssensibler werden im Verlauf der Evolution die Sinnesorgane, immer differen-

---

[28] Bregmann, R. (2021): Im Grunde gut. Eine neue Geschichte der Menschheit. Hamburg Rowohlt Verlag.
[29] Graeber, D., Wengrow, D. (2022): Anfänge: Eine neue Geschichte der Menschheit. Stuttgart Klett-Cotta Verlag.
[30] Erpenbeck, J., Sauter, W. (2007): Kompetenzentwicklung im Netz. New Blended Learning mit Web 2.0. Köln Luchterhand Verlag. S. 30 ff.

zierter auch die Wertungsmöglichkeiten und damit die Handlungsalternativen. Eine genetische Wertetheorie war und ist im Werden.[31] Gewiss darf man nie den biologistischen Fehler begehen, von tierischem Handeln auf menschliches, von menschlichem auf tierisches zu schließen. Dennoch haben Erkenntnisse, die uns berühmte Primatenforscher präsentieren, eine hohe Plausibilität für das Verständnis von Menschen und ihren Werten.

„Der gute Affe. Der Ursprung von Recht und Unrecht bei Menschen und anderen Tieren" lautet ein Titel von Frans de Waal, dem großen niederländischen Primatenforscher. „In der Biologie führte dasselbe Prinzip der natürlichen Auslese, das verschiedene Lebensformen und Individuen gnadenlos gegeneinander ausspielt, auch zu Symbiose und Wechselwirkung zwischen verschiedenen Organismen, zum Verständnis eines Individuums für die Bedürfnisse eines anderen und zu gemeinschaftlichem Verhalten bei der Verfolgung eines gemeinsamen Ziels. Wir sehen uns dann dem zutiefst verwirrenden Paradox gegenüber, dass die genetische Weiterentwicklung auf Kosten anderer – die Haupttriebkraft der Evolution – ausgeprägte Fähigkeiten der Fürsorglichkeit und des Mitfühlens hervorgebracht hat."[32] Nahezu unumstößlich zeigt de Waal, dass sich Primaten manchmal so verhalten, als folgten sie ausgeprägten ethisch-moralischen Werten. Die

---

[31] Holzkamp-Osterkamp, U. (1981): Grundlagen der psychologischen Motivationsforschung, Berlin Verlag Volk und Wissen: *Genetische Wertetheorie* begreift das Werten als grundlegende, in der biopsychosozialen Entwicklung entstandene Potenz, die komplementär zur Aneignung von Wissen im engeren Sinn – und damit unauflöslich zusammenwirkend – das menschliche Handeln überhaupt erst ermöglicht. Sie analysiert, wie im Lauf dieser Entwicklung immer neue, eng zusammenwirkende Formen des Wertens entstehen und via *Überformung, Überschichtung* und *Parallelentwicklung* miteinander zusammenhängen.
[32] de Waal, F. (2000): Der gute Affe: Der Ursprung von Recht und Unrecht bei Menschen und anderen Tieren. München Deutscher Taschenbuch Verlag. S. 12 f.

Neigung und Fähigkeit zur Entwicklung sozialer Werte ist durch die Evolution geschaffen.[33]

Leider gilt das auch für die sozialen Werte Gewalt und Aggression – auch Unwerte sind Werte. In den sechziger Jahren war es üblich geworden, biologische und psychologische Erkenntnisse kurzschlüssig sozial-weltanschaulich zu interpretieren und zu politischen Folgerungen zu verdichten.[34] Der Vietnamkrieg ist jedoch nicht biologisch-psychologisch zu verstehen. Verständlich machen solche Erkenntnisse jedoch, dass auch im Tierreich gewaltsame Auseinandersetzungen eine große Rolle spielen, und dass auch sie so geschehen, als folgten beispielsweise Primaten ausgeprägten „politischen" Werten. „Gewalt ist nicht das Gegenteil von Moral oder Zivilisation. Gewalt ist ein eigenständiges Moralsystem. Es befindet sich nicht unter dem Firnis der Zivilisation, sondern ist ein wesentlicher Bestandteil des Menschen […] Gewalt und Gräuel sind nicht die Folgen eines metaphysischen Kampfes zwischen Gut und Böse, sondern gehören zu unserer biologischen Natur. Und sogar zu unserer moralischen."[35] Dazu nochmals de Waal: „Unsere evolutionäre Ausstattung macht es uns schwer, uns mit Außenstehenden zu identifizieren. Wir sind dafür geschaffen, unsere Feinde zu hassen, die Bedürfnisse von Menschen zu ignorieren, die wir kaum kennen, und jedem zu misstrauen, der nicht so aussieht wie wir. Selbst wenn wir uns in unseren Gemeinschaften großenteils kooperativ verhalten, werden wir beim Umgang mit Fremden, fast zu anderen Wesen" – und er zitiert missbilligend,

---

[33] Verplaetse, J. (2011): Der moralische Instinkt: Über den natürlichen Ursprung unserer Moral. Göttingen Vandenhoeck und Ruprecht Verlag; de Waal, F. (2008): Primaten und Philosophen. Wie die Evolution die Moral hervorbrachte. München Carl Hanser Verlag.

[34] Ausgehend von Lorenz, K. (1963): Das sogenannte Böse: Zur Naturgeschichte der Aggression. Wien Verlag Dr. G. Borotha-Schoeler.

[35] Verplaetse, J., a. a. O. S. 121.

aber nicht ablehnend Winston Churchill: „Die Geschichte der menschlichen Rasse heißt Krieg. Abgesehen von kurzen und instabilen Zwischenspielen hat es nie Frieden auf der Welt gegeben; und bevor die Geschichte begann, war der mörderische Kampf universell und endlos".[36]

Das Fundamentalproblem, warum Werte oft von viel größerer Wirkmächtigkeit sind, als all unser Wissen, führt also zunächst zu drei Teilantworten. Die riesige Wirkmächtigkeit von Werten beruht auf ihrer *sozialen Funktion* als Fundament der Wertegesellschaft, in dem weniger wertegestütztes Wissen als vor allem wissensgestützte Werte die Bausteine darstellen; sie beruht auf ihrer *mengenmäßigen Mächtigkeit*, die jegliches Wissen potenzmengenmäßig weit übertrifft; sie beruht vor allem auf der *historischen Rolle* von Werten als Triebkräften sozial-weltanschaulich-politischer Entwicklungen.

Obwohl ich bereits versucht habe, ethisch-moralische von sozial-weltanschaulich-politischen Werten abzugrenzen[37] ist damit noch nichts über die historische Wirkmächtigkeit politischer Werte gesagt. Es liegt mir fern, mich hier dem komplexen Begriff und Verständnis des Politischen zu widmen. Eine Fülle von politischen Theorien der Moderne bietet dazu unterschiedliche Zugänge und Begriffsverständnisse an. Entscheidend ist jedoch aus Sicht des Fundamentalproblems Wirkmächtigkeit, dass in *allen* diesen Theorien – ob liberal, republikanisch-kommunitaristisch, deliberativ (argumentativ abwägend), postmodern – *Wertegesichtspunkte wie beispielsweise Gerechtigkeit oder gegenseitige Anerkennung* eine entscheidende Rolle spielen. „Viele Zeitdiagnosen deuten darauf hin, dass die Demokratie als Lebensform bedroht ist [...] Die politische

---

[36] de Waal, F. (4. Aufl. 2015): Der Affe in uns. Warum wir sind, wie wir sind. München Deutscher Taschenbuch Verlag. S. 321.
[37] Im Abschn. „Werte-Kommissionen".

Theorie sieht sich in diesem Umfeld einer paradoxen Anforderung ausgesetzt. Aufgrund der skizzierten Ökonomisierung befindet sie sich auf den ersten Blick in der Defensive, da sie ihre gesellschaftliche Nützlichkeit nur schwer beweisen kann. Doch gerade aus dem Problemhaushalt, der sich im Prozess der zunehmenden Ökonomisierung ergibt, resultiert ein enorm gesteigerter gesellschaftlicher Bedarf an normativer [und das meint nichts anderes als wertebasierter, Anm. J.E.] Orientierung [...] Die Politische Theorie kann einen wichtigen Beitrag dazu leisten [...] relevante normative Orientierungsangebote zu unterbreiten."[38]

Das beginnt mit der Definition des Politischen selbst. „Politik findet dort statt, wo zwischen Freund und Feind unterschieden wird", so lautet die bis heute oft benutzte und weitergetragene Definition von Carl Schmitt.[39] Liest man nach, artikuliert Schmitt, obwohl er anderenorts die Tyrannei der Werte anprangert, genau den Wertecharakter des Politischen im Kontrast zu anderen Wertebereichen: „Das Politische hat nämlich seine eigenen Kriterien, die gegenüber den verschiedenen, relativ selbstständigen Sachgebieten menschlichen Denkens und Handelns, insbesondere dem Moralischen, Ästhetischen, Ökonomischen, in eigenartiger Weise wirksam werden. Nehmen wir an, dass auf dem Gebiet des Moralischen die letzten Unterscheidungen Gut und Böse sind; im Ästhetischen Schön und Hässlich; im Ökonomischen Nützlich und Schädlich oder beispielsweise Rentabel und Nicht-Rentabel. Die Frage ist dann, ob es auch eine besondere, jenen anderen Unterscheidungen zwar nicht gleichartige und analoge,

---

[38] Schaal, G.S., Heidenreich, F.(2009): Einführung in die Politischen Theorien der Moderne. Opladen, Farmington Hills Verlag Barbara Budrich. S. 294.
[39] Schmitt, C. (9. korr. Aufl. 2015): Der Begriff des Politischen. Text von 1932 mit einem Vorwort und drei Corollarien. Berlin Verlag Duncker und Humblot, S. 20.

aber von ihnen doch unabhängige, selbstständige und als solche ohne weiteres einleuchtende Unterscheidung als einfaches Kriterium des Politischen gibt und worin sie besteht.

Die spezifisch politische Unterscheidung, auf welche sich die politischen Handlungen und Motive zurückführen lassen, ist die Unterscheidung von Freund und Feind. Sie gibt eine Begriffsbestimmung im Sinne eines Kriteriums, nicht als erschöpfende Definition oder Inhaltsangabe."[40] *Der Feind ist in diesem Verständnis ein Wertebegriff.* Der Feind hat einen negativen Wertestatus, aber er ist kein Verbrecher. Freilich „fällt es den Menschen schwer, ihren Feind nicht für einen Verbrecher zu halten".[41]

„Ein auffälliges Merkmal des heutigen demokratischen Lebens ist, dass die Bürger fast überall – und aus guten Gründen – von der Politik frustriert sind. In den meisten demokratischen Gesellschaften gelingt es Politikern und politischen Parteien nicht mehr, große und allgemeine bedeutsame Fragen aufzugreifen – insbesondere Fragen, die Ethik und Werte betreffen."[42] Es geht, nach Michael Sandel, in einer Demokratie nicht darum, die „richtigen" Werte zu propagieren, sondern darum, dem Einzelnen zu ermöglichen, seine eigenen Wertevorstellungen in die Gemeinschaft einzubringen. Je weniger das geschieht, desto mehr gewinnen Formen von Autokratie und Diktatur die Oberhand, deren Anziehungskraft in Zeiten neuer Unübersichtlichkeit und weltweit neuer politisch-kultureller Machtverschiebungen zunimmt. Autokratische und diktatorische Politikformen haben es offensichtlich leichter, die

---

[40] Ebenda, S. 25.
[41] Ebenda, S. 11; eine ausführliche Kritik zur „Feind"-Definition Schmitts in: Elbe, I. (2015): „Es ist nicht gut, daß der Mensch ohne Feind sei"- Das Politische und die „Vernichtung des Einzelnen" im Denken Carl Schmitts, In: Elbe, I. (Hrg.): Paradigmen anonymer Herrschaft. Politische Philosophie von Hobbes bis Arendt. Würzburg Verlag Königshausen und Neumann. S. 216–334.
[42] Sandel, M.J. (2017): Moral und Politik. Gedanken zu einer gerechten Gesellschaft. Berlin Ullstein Buchverlage. S. 7.

Emotionen von Massen zu gewinnen, wodurch die entsprechenden Werteformen verinnerlicht werden.[43] Aufgrund des Fundamentalproblems Wirkmächtigkeit kann die Bedeutung dieser Werteverschiebung – vom Gerechtigkeitswert auf den Feindeswert – gar nicht überschätzt werden. In Zeiten eines real möglichen atomaren Overkills klingt die bereits erwähnte Mahnung Friedrich Nietzsches brennend aktuell: „Es sind schon viele Tierarten verschwunden; gesetzt, dass auch der Mensch verschwinde, so würde nichts in der Welt fehlen".[44]

„Es wird keine Welt ohne Krieg geben", ist der deutsche Politologe und Historiker Herfried Münkeler überzeugt.[45] Dabei hat er nicht in erster Linie eine finale, von sozialweltanschaulich-politischen Werten getragene Auseinandersetzung der Großmächte im Sinn, die auch er freilich nicht ausschließen kann. Er weist vielmehr darauf hin, dass sich eine Form von Kriegen herausgebildet hat, die er „die neuen Kriege" nennt.[46] „Die neuen Kriege werden von einer schwer durchschaubaren Gemengelage aus persönlichem Machtstreben, ideologischen Überzeugungen, ethnisch-kulturellen Gegensätzen, sowie Habgier und Korruption am Schwelen gehalten und häufig nicht um erkennbarer Zwecke und Ziele willen geführt. Besonders dieses Gemisch, unterschiedliche Motive und Ursachen macht es so schwer, diese Kriege zu beenden und einen stabilen Friedenszustand herzustellen."[47] Es ist also eine Gemengelage aus individuell und sozial machtstrebenden, ideo-

---

[43] Heidenreich, F., Schaal, G.S. (2012): Politische Theorie und Emotionen. Baden-Baden Nomos Verlag.
[44] Nietzsche, F. (1980): Aus dem Nachlass der Achtzigerjahre. In: ders.: Werke in sechs Bänden, Bd. 6, München, Wien Hanser Verlag. S. 676.
[45] Münkler, H. (2019): „Es wird keine Welt ohne Krieg geben". Interview mit Christoph von Marschall und Hans Monath im Tagesspiegel 01.09.2019, 10:12 Uhr.
[46] Münkler, H. (2004): Die neuen Kriege. Reinbeck bei Hamburg Rowohlt Verlag.
[47] Ebenda, S. 16.

logischen, ethnischen, kulturellen, nutzen- und profitbestimmten Werten, die jene neuen Kriege am Schwelen hält. Ähnlich wie beim Dreißigjährigen Krieg ist ein Gemisch aus privaten Bereicherungs- und persönlichen Machtbestrebungen, Expansionsbestrebungen der Politiker benachbarter Mächte, sowie Interventionen zur Rettung und Verteidigung bestimmter Werte, außerdem ein inneres Ringen um Macht, Einfluss und Herrschaftspositionen, einschließlich religiös-konfessioneller Bindungen zu beobachten. „In den meisten größeren Kriegen unserer Tage – sieht man einmal ab von den wenigen nach klassischem Muster geführten Staatenkriegen – [...] ist eine ähnliche Gemengelage aus Werten und Interessen, staatlichen, parastaatlichen und privaten Akteuren zu beobachten."[48]

Solche Gedanken zum Fundamentalproblem Wirkmächtigkeit – besonders von sozial-weltanschaulich-politischen Werten – ermuntern nicht gerade zu ungebrochenem Zukunftsoptimismus. Sie signalisieren jedoch zweierlei. Erstens – es ist verständlich, dass manche auf die scheinbar leichteren Möglichkeiten von Diktatur und Autokratie hoffen, zumal sich diese oft als funktionell überlegen darstellen. Großartiger Autobahnbau in der Nazizeit ist jedoch nur Teilchen eines politisch verachtenswerten Ganzen. So kompliziert sie sich gestalten mag: Es gibt wohl kaum Alternativen zu einer deliberativen – argumentativ abwägenden, demokratischen – Politik,[49] auch wenn sich in Krisenzeiten andere Formen aufdrängen und dazu aufrufen, das Kapitol zu stürmen. Zweitens – Veränderungen im politischen Hoffen und Handeln sind nicht zuerst aus wissenschaftlich-empirischen Erkenntnissen sondern aus zäher argumentativ abwägender Diskussion von Wertevor-

---

[48] Ebenda, S. 10.
[49] Dazu sei nochmals verwiesen auf Habermas, J. (2022): Ein neuer Strukturwandel der Öffentlichkeit und die deliberative Politik. Berlin Suhrkamp Verlag.

stellungen und ihrer Geltung zu erreichen. Diese wird durch die Fülle neuer wissenschaftlicher Erkenntnisse und empirisch zutage geförderter Evidenzen keineswegs erleichtert. „Vor allem mit der fortschreitenden digitalen Kommunikation und den immer zahlreicher werdenden Blasen von Identitäten gerät eine gemeinsam akzeptierte Wahrheit zunehmend unter Druck. Wahrheiten werden nach eigenen Vorstellungen ergoogelt, gefühlt oder neu erzählt."[50] Noch extremer: „Fakten spielen heute keine Rolle mehr. Was du weißt, ist weniger wichtig als das, was du fühlst. Es ist zerstörerisch für die Demokratie. Wir können uns immer seltener auf Dinge einigen".[51] Zweifel, Lügen, falsche Expertise empfehlen sich als Grundlagen von weltanschaulich-politischen Wertungen und erschweren die gesellschaftliche Abwägung von deren Geltung grundsätzlich.[52] Profiteure des Fundamentalproblems Wirkmächtigkeit von Werten sind ganz offensichtlich die sogenannten sozialen Medien. Sie transportieren zuerst und vor allem Werte und bewertete Fakten; sie tragen viel zur Offenheit der Gesellschaft, aber ebenso viel zu immer neuen Geschlossenheiten, zu Blasen- und Inselbildungen in der Gesellschaft bei. Die Zukunft hat schon begonnen.

„Die Zukunft ist auch nicht mehr, was sie mal war" meinte Karl Valentin.[53] Von den großen Werteentwürfen des 20. Jahrhunderts ist wenig geblieben und dieses Verbliebene ist heiß umkämpft. Die Demokratie, die offene Gesellschaft muss sich

---

[50] Schuppert, G.F. (2022): Ergoogelt, erzählt, gefühlt. Wie Wahrheiten zerbröseln. In: WZB Mitteilungen, Heft 178, Dezember 2022. S. 6–9.

[51] Snowden, E. (2019): Ein Wort zum Sonntag. In: Der Tagesspiegel 15.9.2017, S. 7.

[52] Zürn, M. (2022): Zweifel, Lügen, falsche Expertise. Der autoritäre Populismus unterläuft die regulative Idee von Wahrheit. In: WZB Mitteilungen, Heft 178, Dezember 2022. S. 15–18.

[53] Valentin, K. (2023): Die Zukunft ist auch nicht mehr das, was sie einmal war. https://eduki.com/de/post/3053 (aufgenommen am 1.1.2023) Der Spruch ist in hunderten Varianten in Gebrauch.

entschlossener denn je ihrer Feinde erwehren und ihre Werteideale wie Freiheit, Menschenwürde, Menschenrechte und Rechtsstaatlichkeit kämpferisch behaupten. Sozialistisches Denken muss sich entschlossen seiner bröckelnden Werteideale Gleichheit, Menschlichkeit, Solidarität und Emanzipation entsinnen und seine antikapitalistischen Werteüberzeugungen kämpferisch ins Heute und Morgen tragen. Ja, es wird Kampf geben. „Wer will dass die Welt so bleibt wie sie ist, der will nicht, dass sie bleibt", formulierte Erich Fried.[54] Dem ist wenig hinzuzufügen.

---

[54] Fried, E. (1981): Lebensschatten. Berlin Verlag Klaus Wagenbach. S. 93.

DSGIVW – Schlussendlich: In die Zukunft wirken

„Wissen wirkt – der Stoff, mit dem wir die Zukunft gestalten" so wirbt das „Masterportal Deutschlands", und erklärt: „Wissen hat schon immer die Welt verändert. Doch nur selten zuvor war es so spürbar, wie wichtig fundiertes Wissen für uns ist. Nie zuvor haben wir derart darauf gewartet, was die Wissenschaft zu leisten imstande ist. Wissen ist Gedankenstoff, Gesprächsstoff, Lesestoff und Lernstoff. Oft ist es Zündstoff und manchmal sogar Impfstoff. Auf jeden Fall ist Wissen der Stoff, mit dem wir die Zukunft gestalten […]"[1]

Das stimmt – auf keinen Fall. Zumindest so viel ist aus der Beschäftigung mit den Fundamentalproblemen von Werten deutlich geworden. Mit viel Wissen allein ist nichts gewonnen. All unser Wissen, all unser Handeln sind auf Zukunftsziele gerichtet, die je nach Werteüberzeugungen ganz unterschiedlich entworfen werden. Wissen pflastert

---

[1] https://www.master-and-more.de/nc/news-uebersicht/news-detail/article/wissen-wirkt-der-stoff-mit-dem-wir-die-zukunft-gestalten/ (aufgenommen am 1.1.2023).

die Wege dorthin, aber Wege sind keine Ziele. Wissen weitet die Grenzen des Erfahrungsraums, aber der Horizont der wertegetriebenen Erwartungen dehnt sich mit rasender Koselleck-Geschwindigkeit vor uns aus, lässt den Erfahrungsraum weit hinter sich. Noch nie waren Werte so wertvoll wie heute.

Je mehr die Erwartungen die Erfahrungen übersteigen, desto wertvoller werden in Zukunft die Werte, desto wichtiger werden die Fundamentalprobleme. Jedes ist maßgeblich daran beteiligt, in die Zukunft zu wirken.

Das *Definitionsproblem* drängt uns ein neues Verständnis von Werten auf. Werte sind danach stets Ordner – individueller oder kollektiver, physischer oder geistiger – menschlicher Selbstorganisation. Ein solches Verständnis zwingt uns, eine Genetische Wertetheorie zu konzipieren, die das Werten als grundlegende, in der biopsychosozialen Entwicklung entstandene Potenz begreift, die komplementär zur Aneignung von Wissen und damit unauflöslich zusammenwirkend menschliches Handeln überhaupt erst ermöglicht. Das zwingt uns, auch die Genese bisheriger Wertetheorien kritisch zu mustern.

Das *Strukturproblem* macht uns einmal mehr die Komplexität von Wertungen, von Werten klar. Alles, wirklich alles kann zum Objekt des Wertens werden, reale Gegenstände, Eigenschaften, Prozesse, Relationen, Entwicklungen ebenso wie deren wissenschaftlichen, aber auch unwissenschaftlichen geistigen Erfassungen. Dazu auch alle Werte, die ihrerseits wiederum gewertet werden können. Hinzu kommen alle, wirklich alle wertenden Subjekte selbst, von Individuen bis zur Weltbevölkerung. Verwirrend kommt schließlich auch hinzu, dass als Grundlagen des Wertens nicht nur halbwegs sichere Erkenntnisse dienen, sondern auch vermutete, fiktive, „alternative" Fakten. Ebenso können alle weltanschaulichen, ästhetischen, kulturellen, religiösen Fiktionen, die oft fantastischer, auch irrationaler Natur sind, sowie reine Fantasien und Fabeln Wertungsgrundlagen darstellen. Maßstäbe der Wertung reichen von bloßer Zustimmung oder Ablehnung bis zu abgestuften „Ratings", Verfahren zur Beurteilung von Personen oder Situationen mithilfe von Ratingskalen. Wirklich ein komplexes Kuddelmuddel, das da in die Zukunft wirkt.

Das *Geltungsproblem* umkreist den abenteuerlichen Sachverhalt, dass Werte nicht wahr oder falsch sind. Sie sind in Geltung, sie gelten – oder auch nicht. Das trifft für einigermaßen einsichtige wie für ganz undurchsichtige, uns verrückt anmutende Werte zu. Für unser Handeln können wir uns nicht allein auf Sachwissen, Fakten und Algorithmen stützen, wir brauchen die Begründung durch geltende Werte. Aber diese Gültigkeit ist theoretisch schwer zu fassen und praktisch schwer zu finden. Wir benötigen dazu im Sinn von Habermas eine kommunikative, sich selbst organisierende Vernunft. Sie ermöglicht eine Orientierung an Geltungsansprüchen, die aus sachlicher Wahrheit, subjektiver Wahrhaftigkeit und werte- und normenbestimmter Richtigkeit resultieren. Die Geltung von Werten ist nicht gegeben, sondern uns für die Zukunft immer wieder aufgegeben.

Das *Interiorisationsproblem*, das Problem der Verinnerlichung von Werten bildet den praktischen Kern jeglichen Wertens. Man kann Werte auswendig lernen und daherbeten, aber so lange sie nicht in eigene Emotionen und Motivationen eingeschmolzen wurden, sind sie wirkungslos. Wirkungslose Werte sind wertlos. Werteverinnerlichung bedarf deshalb eines Einbeziehens, Ansprechens, Aufrüttelns von Emotionen, einer emotionalen Labilisierung. Sie ist das Zentrum jeglicher Form von Wertetraining, das in Zukunft eine zunehmend wichtige Rolle für Bildung, Weiterbildung und Kompetenzentwicklung spielen wird.

Das *Vergleichsproblem* von unterschiedlichen Genusswerten, Nutzenwerten, ethisch-moralischen Werten und sozial-weltanschaulich-politischen Werten führt uns zu schwierigen Entscheidungen, solche Entscheidungen führen uns wieder zurück zu schwierigen und manchmal unmöglichen Vergleichen von Werten. Sind Soldaten Mörder? Gemessen an ethisch-moralischen Maßstäben natürlich. Gemessen an weltanschaulich-politischen Maßstäben natürlich nicht. Der Mörder wird nach Recht und Gesetz verurteilt, der Vaterlandsverteidiger für Mut und Tapferkeit geachtet und dekoriert. Die Werte sind unvergleichbar, inkommensurabel. Wenn wir in Zukunft diese Unvergleichbarkeit nicht berücksichtigen, beispielsweise individuelle Schuld und kollektive, politische Schuld nicht sorgfältig auseinanderhalten, bietet sich nicht nur unendlich viel Stoff für hasserfüllte werteblinde Kommentare. Versöhnende, vernunftberuhigte Konfliktlösungen werden immer schwieriger.

Das *Wirkungsproblem* resultiert aus der Tatsache, dass Werte von abschätzbar größerer mengenmäßiger Mächtigkeit sind, als alles Wissen. Ihre Macht ist zudem viel größer, weil auch überall dort, wo zu wenig, zu fehlerhaftes oder gar kein Wissen vorhanden ist, um Probleme zu lösen oder Entscheidungen zu treffen, Werte ins Feld geführt und wertegestütztes Handeln initiiert wird. Alle wichtigen ökonomischen, ethischen und politischen Entscheidungen benutzen zwar vorhandenes Wissen, lassen sich aber letztlich immer auf einschlägige Werte und Werteentscheidungen zurückführen. Alle Macht den Werten?

Werte wirken – sie sind der Stoff, mit dem wir die Zukunft formen. Wir können die Zukunft nicht vorhersagen, aber gestalten. Das Streben nach Glück, die „pursuit of happiness", weist unserem Wertekompass den Weg.

Glück ist das Ziel.

Oder?

Publisher Erratum zu: Werte: Die Fundamentalprobleme

Publisher Erratum zu:
J. Erpenbeck, *Werte: Die Fundamentalprobleme*, https://doi.org/10.1007/978-3-662-67138-2

Aufgrund eines bedauerlichen Versehens seitens der Produktion wurden die Autorenkorrekturen bezüglich der Strukturierung von einigen Kapiteltiteln und Überschriften nicht richtig umgesetzt. Der Verlag entschuldigt sich beim Autor und bei den Leserinnen und Lesern.

Die aktualisierten Kapitel finden Sie unter
https://doi.org/10.1007/978-3-662-67138-2

© Der/die Autor(en), exklusiv lizenziert an Springer-Verlag GmbH, DE,
ein Teil von Springer Nature 2023
J. Erpenbeck, *Werte: Die Fundamentalprobleme*,
https://doi.org/10.1007/978-3-662-67138-2_9

GPSR Compliance
The European Union's (EU) General Product Safety Regulation (GPSR) is a set
of rules that requires consumer products to be safe and our obligations to
ensure this

If you have any concerns about our products, you can contact us on

ProductSafety@springernature.com

In case Publisher is established outside the EU, the EU authorized
representative is:

Springer Nature Customer Service Center GmbH
Europaplatz 3
69115 Heidelberg, Germany

www.ingramcontent.com/pod-product-compliance
Lightning Source LLC
LaVergne TN
LVHW020345260326
834688LV00045B/1546